***Aus Liebe zu den Menschen
unseren Freunden
unserer Familie***

Impressum:

Herausgeber	KONDOR Verlag GbR © 2001
Text und Bildnachweis	Ehrlich Martina & Straub Jürgen
	Alle Rechte vorbehalten
	1. Auflage 2001
Gestaltung und Satz	Aichelberger Fotosatz GmbH
Reproduktion, Druck und Verarbeitung	Medienzentrum Aichelberg
Vertrieb	KONDOR Verlag GbR
	Schöntalweg 62
	D-73349 Wiesensteig
	www.kondor-verlag.de
	info@kondor-verlag.de

I S B N 3-9807727-0-5
Printed in Germany

Rapa Nui – grosser weiter Flecken

OSTERINSEL

*„Dank an die Insel -
es sind nicht unsere Worte und auch nicht unsere Bilder,
die dieses Buch füllen.
Es sind einzig Geschenke der Insel"*

POLYNESIEN

Die Oberfläche des Pazifischen Ozeans misst ca. 180 Millionen Quadratkilometer und ist damit weitaus grösser als die Erdoberfläche aller fünf Kontinente zusammen. Knapp 30 Prozent der Pazifikfläche ist gesprenkelt mit weit auseinander liegenden Inseln und Inselgruppen, die eine Art geographisches Dreieck bilden und die als Polynesien bezeichnet werden. Drei Eckpunkte begrenzen dieses polynesische Dreieck im Pazifik – HAWAII im Norden, AOTEARAO (Neuseeland) im Südwesten und RAPA NUI (Osterinsel) im Südosten.

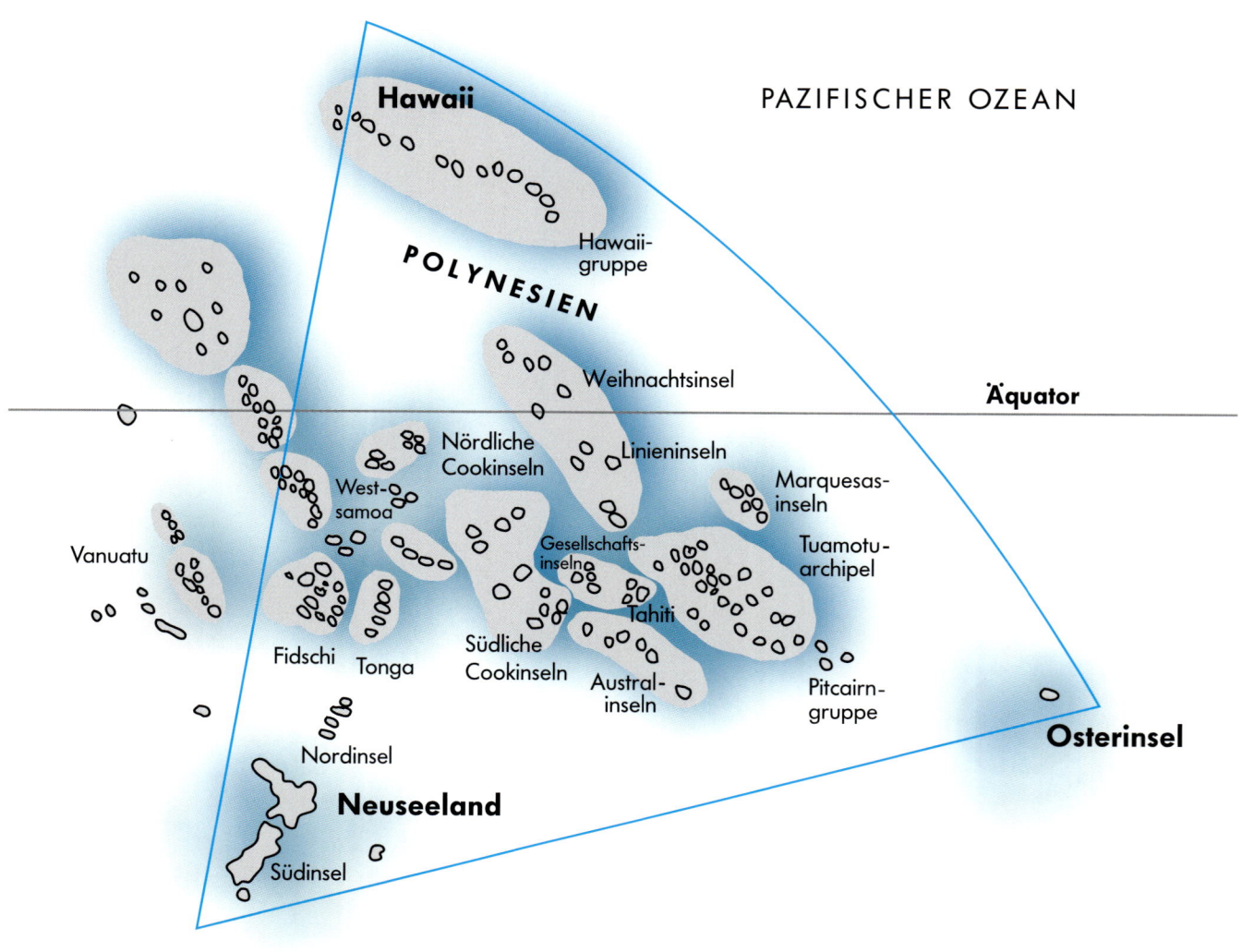

RAPA NUI – DIE OSTERINSEL

Die MAORIS – Nomaden des Meeres und des Windes – haben die verschiedenen Inseln Polynesiens im Laufe von Jahrhunderten besiedelt. Die heldenhaften Seefahrer liessen sich ohne Kompass und Seekarten auf die ungebändigte Gewalt des Pazifiks ein; ihre begnadete Gabe die Zeichen der Natur zu beobachten und für sich zu deuten, liess sie immer neuen Lebensraum inmitten des Meeres zu ihrer Heimat machen. Heute ordnet man die einzelnen Inseln und Inselgruppen den unterschiedlichsten Staaten wie z.B. den USA, Frankreich und Chile zu – ihre Geschichte, ihre Mythen, ihre Sprache gehen jedoch auf dieselben Wurzeln zurück – die Wurzeln der MAORIS, der seefahrenden Nomaden.

RAPA NUI, die Osterinsel, ist ein schroffes Vulkaneiland und geographisch der isolierteste bewohnte Fleck Erde. Die Eckdaten sind rasch erfasst: RAPA NUI liegt auf den Koordinaten 109°26` westlicher Länge und 27°09` südlicher Breite und damit knapp unterhalb des südlichen Wendekreises der Tropen. Zum südamerikanischen Festland Richtung Osten sind es ca. 3700 Kilometer, nach Tahiti im Westen ungefähr 4000 Kilometer, dazwischen liegt nichts als Ozean. Die Insel selbst bildet ein fast gleichschenkliges Dreieck, dessen Seiten 16 Kilometer auf 18 Kilometer auf 24 Kilometer messen, anders ausgedrückt dessen Oberfläche ca. 166 Quadratkilometer einnimmt.

Eckpfosten dieses geographischen Dreiecks bilden drei erloschene Vulkane, die zu unterschiedlichen Zeiten der Erdgeschichte die Meeresdecke durchbrochen haben. Zuerst hat sich die Erde vor ca. 2,5 Millionen Jahren mit dem Vulkan POIKE entladen, vor ca. 1 Million Jahren entstand der RANO KAU.
Beide Kegel ragten getrennt voneinander aus der Wasseroberfläche, POIKE im Osten und RANO KAU im Südwesten.
Erst die heissen Lavaströme des dritten und heute höchsten Vulkans, des TEREVAKA, vereinten vor ca. 240.000 Jahren alle drei Kegel zu ihrer heutigen Erscheinungsform – zur Insel RAPA NUI.
Alle vulkanischen Aktivitäten erloschen vor 2000 bis 3000 Jahren.

KLIMA UND MENSCHEN

Das Klima des Eilandes hat subtropischen sowie maritimen Charakter. Die mittlere Jahrestemperatur liegt bei 18-20°C, die Niederschlagsmenge im Jahresdurchschnitt beträgt etwa 1365 Millimeter. Dauerhafte Süsswasserversorgung bieten die vom Regenwasser gespeisten Kraterseen der drei Vulkane. Heftige kurze Regengüsse wechseln sich ab mit intensiver Sonneneinstrahlung. Wind und eine Luftfeuchtigkeit von ca. 80 Prozent zcubern ständig wechselnde Wolkenbilder an den Himmel.

Wildflora und -fauna der Vulkaninsel sind eher bescheiden. Bereits der Holländer Jakob Roggeveen, der 1722 als erster Europäer seinen Fuss auf die von ihm so benannte Osterinsel setzte, beschrieb sie als hügelig karge Graslandschaft ohne Wald oder grössere Bäume. Die kleine endemische Baumart Toromiro (Sophora toromiro) fiel im Laufe der europäischen Besiedlungsgeschichte der Überweidung durch Schafe zum Opfer.

So zeigt sich RAPA NUI nicht im Südseekleid tropischer Palmen, vielmehr ist sie mit ihren Grasfluren, schroffen Vulkanküsten und mächtigen Kraterbergen von einer eigenwilligen herben Schönheit. Aufforstungsprojekte liessen kleinere Wälder des schnell wachsenden Eukalyptus entstehen, und HANGA ROA, die einzige Ortschaft der Insel, überrascht durch farbenfrohe Vielfalt tropischer sowie subtropischer Nutz- und Zierpflanzen. HANGA ROA wirkt wie eine fruchtbare Oase inmitten des ansonsten kargen Landschaftsbildes.

Blüten des Korallenbaums

MOAIS vom AHU TAHAI

RAPA NUI UND SEINE GEHEIMNISSE

So klein und so abgelegen diese Insel auch ist, so sehr hat sie jedoch alle Forscher der Welt beschäftigt. Manch ein Mensch wird nicht wissen, in welchem Ozean das Eiland zu finden ist, aber die eigenartigen Steinfiguren kennt inzwischen fast jeder von irgendwoher. Diese geheimnisvollen MOAIS trotzen seit Jahrhunderten Wind, Regen und Einsamkeit, beflügeln die Phantasie von Forschern und Träumern. –
Wer baute die MOAIS und warum?
Wer waren die ersten Menschen auf RAPA NUI? Was ist geschehen auf der Insel, dass alle Steinfiguren und heiligen Plätze zerstört worden sind? – Es gibt bis zum heutigen Tag keine absolut klare Erkenntnis, eine von allen Archäologen anerkannte Theorie. Und es bleibt zu vermuten, dass die steinernen Götzen ihr Geheimnis auch in Zukunft nicht preisgeben. Wohl genau darin liegt ihre mystische Erscheinungsform, in ihrem leeren Blick ins Nichts, der zeitlos erscheint und niemandem etwas verrät. Wohl kein Besucher der Insel kann sich dieser Faszination entziehen.

Über die Besiedlung von RAPA NUI durch die Ureinwohner gibt es keinerlei Dokumente oder irgendwelche Inschriften, mündliche Überlieferungen erschöpfen sich in bruchstückhaften Legenden. Und doch sind da all die Funde und Monumente, die von einer einmaligen Hochkultur erzählen.
Unter den Osterinsel-Forschern haben sich drei Theorien gefestigt:

Eine Minderheit spricht von einer Monobesiedlung im 4. oder 5. Jahrhundert nach Christus, und zwar sollen die Menschen im Boot aus Zentralpolynesien nach RAPA NUI gelangt sein. In den folgenden Jahrhunderten soll sich die Hochkultur der Osterinsel mit all ihrer Kunst und Mythologie völlig isoliert und ohne weitere äussere Einflüsse entwickelt haben. In "Rest-Polynesien" kennt man weder die Bilderschrift noch die grossartige Steinmetzkunst der Osterinsulaner.

Die Mehrheit der Forscher hält dagegen eine Mehrfachbesiedlung für wahrscheinlicher, wobei auch ihre Theorie von einer ersten Besiedlungswelle im 4. oder 5. Jahrhundert nach Christus aus Zentralpolynesien ausgeht. Um 1350 soll ein weiterer polynesischer Stamm unter der Führung des legendären Königs HOTU MATUA die Insel erreicht haben. Während der nächsten fast 300 Jahre gab es ein kooperatives Zusammenleben beider Volksstämme und die Entwicklung der Hochkultur RAPA NUIS.

Es entstanden die kolossalen Steinstatuen, die Petroglyphen des Vogelmannkults sowie die hölzernen Bildschrift-Tafeln RONGO RONGO. Schliesslich soll es zwischen den beiden Gruppen – den Langohren und den Kurzohren – vermehrt zu Spannungen gekommen sein, die um 1680 in offenen Kämpfen gipfelten. Eine Entscheidungsschlacht nahe der Halbinsel POIKE vernichtete die Urbevölkerung und gilt als Ende der Hochkultur der Osterinsel. Die "Sieger" zerstörten die AHU – Altäre – und stürzten die MOAIS zu Boden. Die Werkstatt am RANO RARAKU wurde verlassen.

...

...

Eine dritte Theorie vertreten Forscher um den Norweger Thor Heyerdahl. Auch sie gehen von einer Erstbesiedlung im 4. oder 5. Jahrhundert nach Christus aus, allerdings sollen die Menschen von der südamerikanischen Küste aus 3700 Kilometer übers Meer nach RAPA NUI gekommen sein.
Diesem Volk werden die frühen kleineren und rundlicheren Steinfiguren sowie die AHU aus besonders exakt behauenen Steinquadern zugeschrieben. Thor Heyerdahl sieht hier Parallelen zu den Steinarbeiten in Südamerika. Eine zweite Einwanderungswelle vom südamerikanischen Kontinent soll im 11. oder 12. Jahrhundert die Osterinsel erreicht haben. Die beiden verwandten Volksgruppen sollen nun in kooperativer Zusammenarbeit die bekannten MOAIS, die Petroglyphen, die Höhlenmalereien sowie die RONGO RONGO-Schrifttafeln erschaffen haben. Wie ihre südamerikanischen Verwandten haben sie sich ihre Ohrläppchen geweitet – "Langohren". 1350 landete nun HOTU MATUA – der legendäre König aus Zentralpolynesien – mit seinen Leuten auf RAPA NUI. Die Neuankömmlinge – "Kurzohren" – wurden wegen ihrer quantitativen Unterlegenheit von den "Langohren" als Arbeiter eingesetzt.
Doch es kam zu vermehrten Streitigkeiten, da die nach Macht strebenden Polynesier gegen ihre Unterdrückung kämpften. In der schon erwähnten Schlacht von POIKE 1680 sollen die alteingesessenen Kulturträger durch eine raffinierte Strategie von den Menschen polynesischer Abstammung ausgemerzt worden sein. Und sie zerstörten daraufhin ebenfalls die AHU und die MOAIS.

Allen drei Theorien zufolge sind die Vorfahren der heutigen Menschen auf RAPA NUI die Polynesier – MAORIS. Da zu späteren Zeiten das Volk der Insulaner durch Sklaverei, eingeschleppte Krankheiten und Tyrannei nahezu ausgerottet wurde, sind selbst die mündlichen Überlieferungen spärlich, und es bleiben viele Fragen um den einsamsten Flecken Erde unbeantwortet.

MOAI aus der Anfangszeit

DIE JÜNGERE GESCHICHTE AUF RAPA NUI

Der erste Europäer, der nach RAPA NUI kam, war der schon erwähnte Holländer Jakob Roggeveen 1722. Er wird gemeinhin als "Entdecker" der von ihm so benannten Osterinsel bezeichnet. Seinen Spuren folgten in den kommenden Jahrhunderten Seefahrer, Abenteurer, Sklavenjäger, Schafzüchter und Forscher aus der ganzen Welt, ein jeder getrieben von den eigenen persönlichen Interessen. Aus diesen Zeiten liegen schriftliche Berichte sowie zeichnerische Darstellungen der Insel und ihrer Bewohner vor.

1888 annektierte Chile unter dem Korvettenkapitän Policarpo Toro die Osterinsel. Ein sogenannter Souveränitätsvertrag zwischen zwei völlig ungleichen Partnern mit ganz verschiedener Lebensphilosophie und Rechtsauffassung wurde abgeschlossen, dazu noch waren die RAPA NUI Analphabeten. Es wird berichtet, dass der damalige König ATAMU TEKENA sich vor Policarpo Toro niederbückte und Gras sowie Erde in die Hände nahm. Das Gras soll er Policarpo Toro überreicht haben, die Erde in seine eigene Tasche gesteckt haben. Dies sollte bedeuten, dass die RAPA NUI den Chilenen das Nutzungsrecht auf der Insel verkauften, aber niemals ihre Erde selbst, die für sie ihre zweite Mutter ist. König ATAMU TEKENA erhoffte sich als Gegenleistung Schutz durch die Chilenen für die Inselbewohner, die nach Sklavenraub, eingeschleppten Krankheiten und Tyrannei nurmehr 178 Personen zählten. Chile hatte jedoch andere Probleme, und so wurde das 3700 Kilometer vom Festland entfernte Fleckchen Erde an einen Schafzüchter namens Merlet vermietet. Offizieller Regierungsvertreter auf RAPA NUI wurde der ortsansässige Abgesandte der Schafzuchtgesellschaft Merlets. Auf dessen Anweisung mussten von nun an alle Inselbewohner im Ort HANGA ROA in einem Gebiet von 1000 Hektar leben. Eingeschlossen hinter Steinmauern durften sie das Gebiet nur mit Sondererlaubnis verlassen. 1897 verstarb auf ungeklärte mysteriöse Weise der letzte Inselkönig RIRO ROCO auf einem Schiff der Schafzuchtgesellschaft.
1917 wurde die straffe Führung der Schafzuchtgesellschaft durch die des Militärs abgelöst. Aufstände der Inselbewohner, die Leprakrankheit sowie etliche Fluchtversuche von Fischerfamilien nachts in kleinen Booten prägten diese verheerenden Jahre auf RAPA NUI.

Die Zustände auf der Insel sollten sich nun endlich bessern. Eine Schule wurde gegründet, in der die Kinder Lesen und Schreiben lernen sollten, manche von ihnen durften sogar zum Studieren aufs Festland nach Chile reisen. Zurück kehrten sie mit neuen Freiheitsgedanken, und 1966 gab es wieder Aufstände der RAPA NUI gegen die chilenische Macht, - diesmal mit Erfolg. Zwar mussten und müssen die Menschen im Ort HANGA ROA leben, allerdings ohne Steinmauern, und sie können jederzeit ihre gesamte Insel betreten. Sie haben einen chilenischen Pass, sind offizielle chilenische Staatsbürger und sprechen neben ihrer eigenen Sprache Spanisch. Ausserdem wird ihnen eine gewählte Selbstverwaltung zugesprochen, und RAPA NUI erhielt den Status eines "departamento" der chilenischen Provinz Valparaiso. 1967 wurde auf der Osterinsel ein Flughafen für militärische Zwecke eröffnet, seit 1972 ist dieser auch für Passagiermaschinen freigegeben.

Die Angabe der Einwohnerzahl schwankt, sie liegt etwa bei 2700 Menschen. Wie viele der Inselbewohner man als wirkliche Nachfahren der MAORI bezeichnen kann, ist ungewiss. Jedenfalls sind alle RAPA NUI stolz auf ihre polynesische Vergangenheit, fühlen sich dieser Kultur zugehörig, pflegen die alten Bräuche und Tänze ebenso wie ihre Sprache. Ähnlich verhält es sich mit der Religion. Konfessionell dominiert die römisch-katholische Kirche, wenn sie auch starke polynesische Prägung besitzt, und die RAPA NUI nach wie vor ihren AKUAKU – den Geistern und Dämonen der Insel – Respekt und Glauben schenken.
Die Mystik der Insel und ihrer Bewohner ist allerorten lebendig demjenigen, der eigene Offenheit mitbringt an diesen einsamen Flecken Erde.

Flug nach RAPA NUI

Die Maschine rollt, hebt ab, Flugrichtung Meer.
3700 Kilometer Pazifischer Ozean liegen vor der nächsten Landung.
Am chilenischen Abflughafen gibt's keinerlei Ausreiseformalitäten,
denn RAPA NUI ist nationales Territorium.
Und doch hat diese Insel ausser der formellen Zugehörigkeit
so gar nichts gemeinsam mit dem Festland.

Schneeberge, Wüste, Küstenlinie — dann nur noch Pazifik.
Alles bleibt zurück, hat Zeit abzufallen während der stundenlangen Flugreise.
Anforderung, Ärger, Kummer, Verpflichtung – all das löst sich auf,
Kopf und Gemüt werden frei und offen.
Freude erfüllt das Herz.
Unterwegs zum "Nabel der Welt",
auf die isolierteste Insel der Erde.

"Magische Orte
führen uns zur Magie
unseres Herzens"

MOAIS von ANAKENA

Wie an einer Schnur aufgefädelt hängt
RAPA NUI als Eiland in der Flugroute zwischen
Santiago und dem anderen Ende der Welt.
Dazwischen breitet sich der grösste Ozean unseres
Planeten aus und lässt die Insel als
Stecknadelkopf auf den Karten erscheinen.

In immerwährender Umklammerung halten seine Wasser
das Land gefangen und lassen MOAIS sehnsüchtig
in Richtung Ferne schauen.

ANKUNFT

- für den Flugverkehr nur ein Zwischenstopp,
weitere fünf Stunden bis Tahiti.
Ein paar Leute bleiben – eine Hand voll Touristen
und etliche Einheimische.
Ein Ereignis – nach wie vor – dieses Flugzeug
für die Bewohner von HANGA ROA,
einziger Stadt von RAPA NUI und nicht grösser
als mein kleines Heimatdorf.

Die halbe Inselbevölkerung scheint dazusein,
Familienangehörige werden mit fröhlichem Lachen,
Blumenkränzen, herzlicher Umarmung begrüsst.
Ich fühle mich als staunender Beobachter wie
mitten in einem Familientreffen und muss leise lächeln:
herzlich Willkommen, hier kann man sich zuhause fühlen.

Am AHU TONGARIKI

Steinerne Götzen,
ihres Sehens beraubt,
die Gesichter dem Lande zugewandt.
Gerade als wären sie dem Meere entstiegen
und verharrt,
zu Stein erstarrt und gefesselt an ihren Ort.

Tausendfach gesehen, tausendfach beschrieben –
und doch fühlen all eure Besucher sich von euch
wahrgenommen, von eurem Erscheinungsbild und
eurem Blick ohne Augen.

Reales vermischt sich mit Irrealem,
Messbares mit Unbegreiflichem,
unser Leben mit dem Leben
aller Ahnen dieser Welt.

Am Vulkanberg RANO RARAKU

Werkstatt der Götterschmiede

Ob Denkmäler der ehrvollen Ahnen, von übersinnlichen
Meistern, versteinerte Form der göttlichen Kraft –
MOAIS erhoben sich zu Hunderten an den
Küsten RAPA NUI' S.

Der Vulkan RANO RARAKU war ihr
geheiligter Ort des Entstehens.
Es müssen Hunderte von Meistern der
Steinarbeit tätig gewesen sein, die aus
purem Vulkanfels diese kolossalen mächtigen
Persönlichkeiten entstehen liessen.
Künstler ihres Handwerks bearbeiteten
Stein mit Stein;
lösten zuerst in grober Form die Gestalt aus dem Fels,
der sie dann ihre markanten Konturen und
schliesslich die feinen Züge verliehen.
Erst dann, fertiggestellt und bereit zum
Abtransport, wurde die letzte Verbindung des
MOAI-Rückens zum Mutterfels durchtrennt
wie eine Nabelschnur.

...

...

Viele Tonnen schwere Steingestalten gingen vom
RANO RARAKU zu ihrem Bestimmungsort
auf RAPA NUI.
In mühevoller Arbeit über unwegsames Gelände
vollzog sich der Transport der steinernen Götter.
War dann das AHU – der Altar – erreicht, so musste
der MOAI behutsam aufgerichtet werden.
Das Aufsetzen des PUKAO aus rotem Vulkanfels
glich einer Krönung des Steinheiligen.
Und zuletzt schenkte man ihm seine Seele –
dem positionierten MOAI wurden die
Augen eingesetzt.
Seine stumme Reise durch die Zeit konnte beginnen.

...

...

Begibt sich der Besucher heute an den RANO RARAKU,
so umschliesst ihn alsbald der geheime Zauber
dieser Werkstätte.
Welcher Anlass auch immer es war, der die Steinmetze
plötzlich zum Verlassen ihres Arbeitsortes zwang,
sie hinterliessen eine Gegend, in der die Mystik wohnt.
Hunderte fertiggestellte und unvollendete MOAIS
scheinen darauf zu warten, dass ihre Meister
zurückkehren und ihr Werk an ihnen beenden und sie
zu ihrem Bestimmungsort bringen.
Überall am Boden liegend, stehend oder gar im
Erdreich versunken blicken die blinden Gesichter
unzähliger MOAIS in die Unendlichkeit.
Andere wiederum schlafen noch im Fels des RANO RARAKU,
träumen den Traum vergangener Geschichte.

...

Die Lagune des RANO RARAKU

. . . Ergriffen der Mensch, der hierher kommt an diesen einst so geschäftigen Ort, an dem heute das ruhende Auge der Vulkanlagune über die Ewigkeit wacht.

Die Insel schenkt dir das Schweigen, aus dem die
Worte erwachen,
und sie schenkt dir die Weite, aus der die
Bilder wachsen.
Sie schenkt dir die Abgeschiedenheit, in der du die
Vollkommenheit spürst.

AHU AKIVI

Sieben Wächter

Sieben seid ihr, die ihr aufrecht steht unterhalb des
RANO A ROI-Vulkans.
Tanzt ganz aus der Reihe, erhebt euch nicht an der
Küste wie all eure Brüder.
Scheint nicht eben dem Meere entstiegen zu sein,
in dessen Richtung euer Antlitz strahlt.

. . .

...

Vielmehr wirkt ihr wie Wächter.
Wächter all der Geheimnisse, die hier ihre Heimat haben.
Wie viele Suchende wollten euch euer wahres
Geheimnis schon rauben?
Doch ihr führt sie stets ins Labyrinth des Irrtums
und der ungelösten Fragen; hütet die Geheimnisse
in eurem steinernen starren Blick.
Ihr seid stolze Wächter.

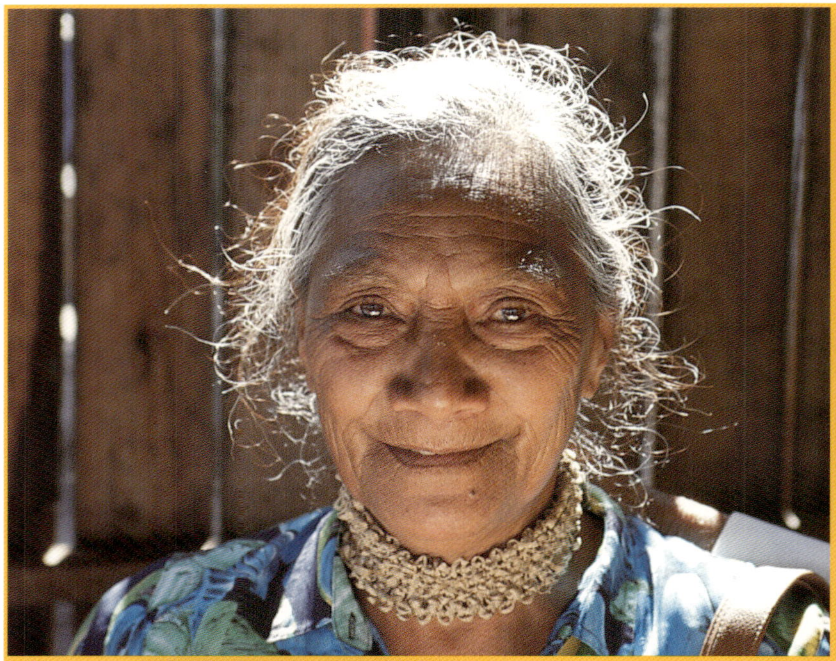

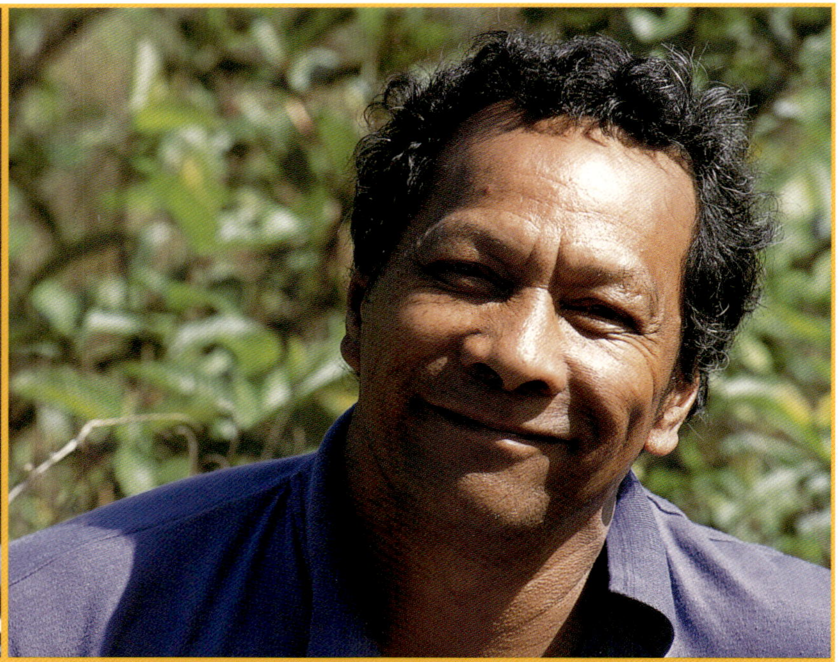

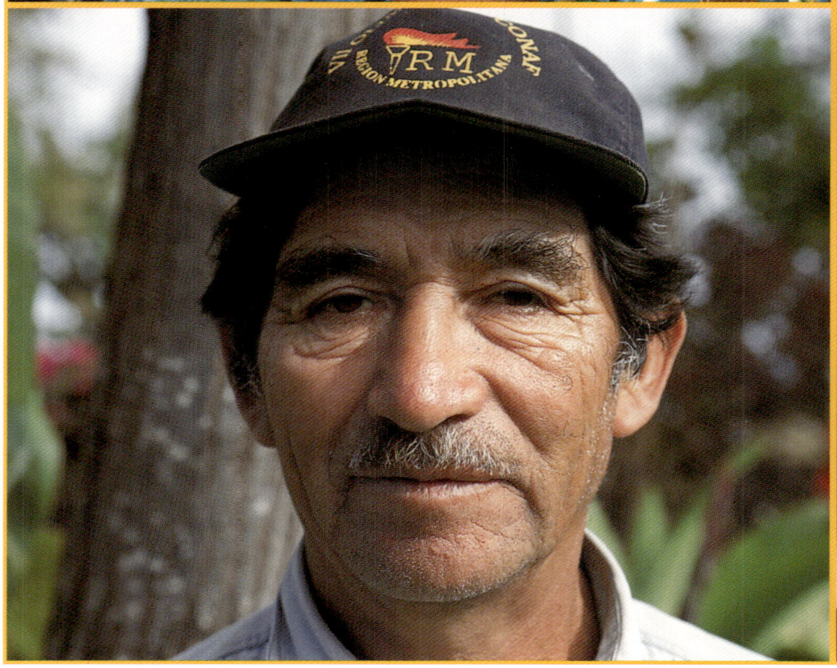
RM
REGION METROPOLITANA
CONAF

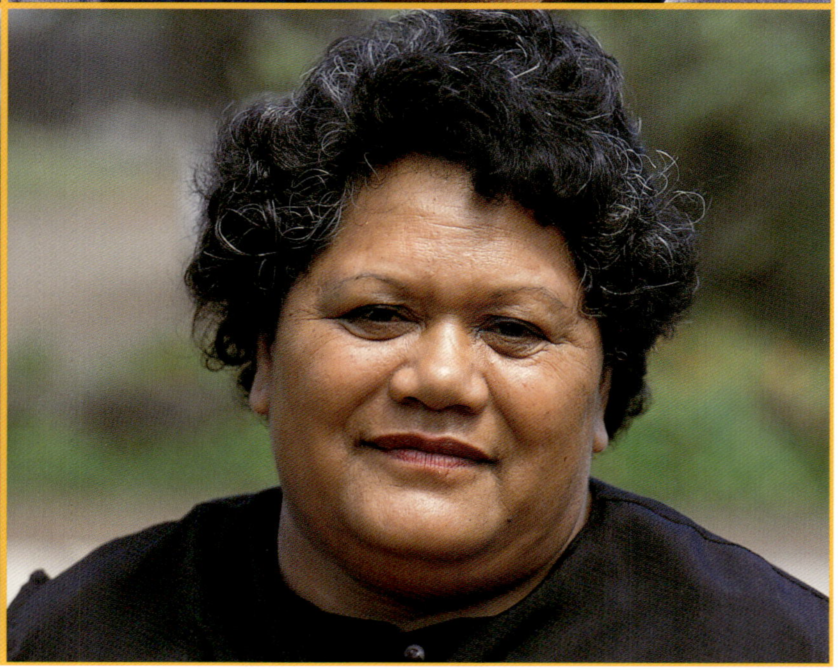

Begegnungen –

aufgeschlossen – freundlich – stolz,
die Menschen RAPA NUI'S laden dich ein
teilzuhaben in diesen Momenten
ihres Inseldaseins.
Erzählen sollst du vom Festland, von deiner
Heimat, von anderen Inseln.
Du wirst zur Verbindung dieses abgeschiedenen
Flecken Erde mit der Welt weit hinter dem Meer,
ziehst unsichtbare Fäden der Phantasie zwischen
dem Herzen dieses Menschen und den kleinen
und grossen Gedanken des "Jenseits".

Etwas Vertrautes liegt in der Begegnung
mit den dir so Fremden,
gemeinsamer Austausch
wird kostbarer Augenblick,
da er jeglicher Oberflächlichkeit
zu entbehren scheint.
Du, der du dich anfänglich als Bote der
"restlichen Welt" fühltest,
empfängst staunend die Botschaft der
Menschlichkeit der Insulaner.

Bucht von ANAKENA

ANAKENA
- Hafen aller Seefahrer auf RAPA NUI.

Hier öffnet die Insel schon seit Anbeginn ihrer Zeit
allen Ankömmlingen die Pforte.
Freundlich breitet sie den Teppich aus hellem Sand Richtung Meer aus –
ein Sand, der bei näherer Betrachtung alle Farben der Erde in sich trägt.

Was kann einem Seefahrer, der über Tausende von Kilometern nur den
Elementen Wasser und Luft ausgesetzt war, einen ehrenvolleren Empfang
bieten als dieser einladende Sandstrand, dessen einzelne Sandkornfarben
eine jede ihre eigene Geschichte erzählen.
Und welch unterschiedliche Menschen trafen im Laufe der Jahrhunderte
in ANAKENA ein, schrieben Geschichte auf diesem einsamen Flecken Erde.

...

MOAIS von ANAKENA

...

Bis heute weiss niemand genau, welche Gruppe Seefahrer zu welcher Zeit
die erste war, die RAPA NUI inmitten des Pazifiks fand.
Erzählt wird von den MAORIS – den polynesischen Nomaden des Meeres –,
die unterwegs waren auf der Suche nach neuem Lebensraum.
Langohren werden sie genannt, und ihre Navigationshilfen waren Sterne,
Wolkengebilde, Wasserbewegung, Vögel und Meeresschildkröten.
Später kam König HOTU MATUA mit seinem Kurzohrenvolk auf die Insel
- beide Gruppen gelten als Erschaffer der MOAIS.
Fast krampfhaft sucht die Welt der Wissenschaft nach Erklärungen und
Erkenntnissen des frühen Geschehens auf RAPA NUI, doch die Spuren derer,
die als erste ihren Fuss in den unberührten Sand ANAKENAS setzten,
sind längst verweht.

...

AHU NAU NAU

•••

Der holländische Kapitän Jacob Roggeveen war mit seinem Segelboot
zu Erkundungsfahrt in der Pazifikregion unterwegs und erreichte am
Ostermontag 1722 den Strand von ANAKENA. Für ihn eine uninteressante
Insel verliess er RAPA NUI bereits am folgenden Tag wieder,
- der Welt lieferte er erste Berichte über die MOAIS sowie ihre Erbauer,
und der Insel bescherte er ihren populären unpassenden Namen.

1770 landen erneut zwei Segelschiffe in ANAKENA, diesmal im Auftrag
der spanischen Krone. RAPA NUI wird annektiert, die Insulaner unterschreiben
einen entsprechenden Vertrag, der die spanische Hoheit bestätigt.
Berggipfel werden mit christlichen Kreuzen gekrönt, die AHU, MOAIS und
andere heilige Plätze vermessen und untersucht.

Der berühmte Kapitän Cook stattete RAPA NUI während seiner
Weltumrundung 1774 einen dreitägigen Besuch ab.
Auch hierbei nahm man Zeichnungen und Aufschriebe mit an Bord
des Schiffes, das vor ANAKENA lag.

So kamen Forschungsreisende aus Frankreich, Russland und England —
mit ihren Schiffen in die einladende Bucht, um der Welt zu berichten von
einem Eiland abgelegen und isoliert mit einer hochentwickelten
spirituell geprägten Kultur.
Selbst die Zerstörung der MOAIS, der Zusammenbruch des Reiches
ab Mitte des 19. Jahrhunderts wurde von ihnen festgehalten.

•••

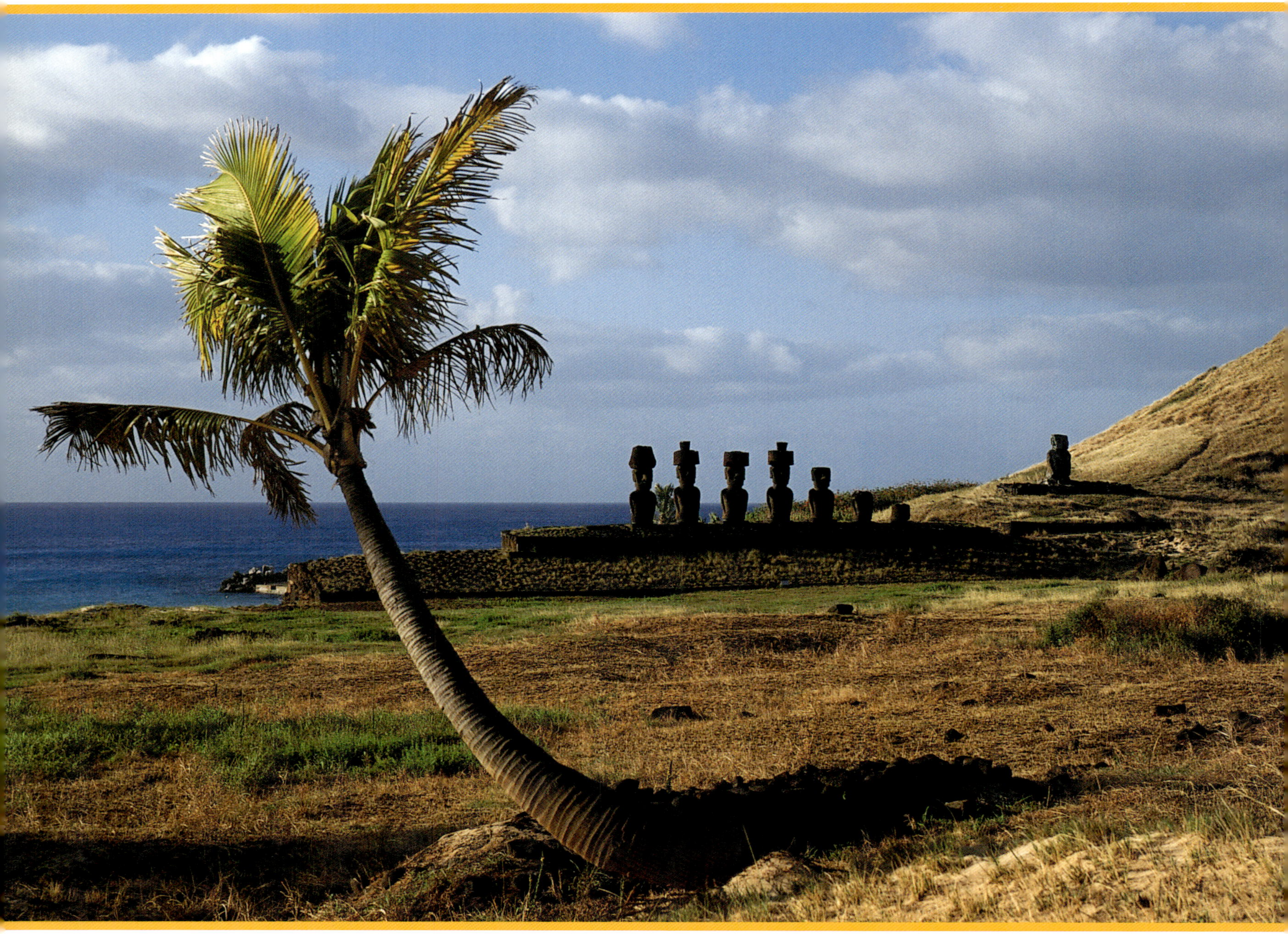

• • •

Ab 1862 tauchten peruanische und chilenische Segel am Horizont auf.
Freundlich luden sie die RAPA NUI auf ihre Schiffe ein, und respektvoll
wurde die oberste Führungsschicht zu den Ankömmlingen gesandt.
ANAKENA wurde Zeuge des grössten Betruges in der Geschichte der Insulaner.
Die Inselbesucher waren in böser Absicht gekommen, verabreichten Alkohol
an die RAPA NUI, die sie anschliessend in trunkenem Zustand in Ketten
legten und über die Weite des Pazifiks zum peruanischen Sklavenmarkt brachten.
Die Intelligenz der Insel wurde einfach versklavt, so nahmen der König KAIMAKOI,
sein Sohn MAURATA, die Adligen ARIKI und die Meister des RONGO RONGO
ein ihnen unwürdiges Ende im Laufe des Erdgeschehens.
Von den über viertausend RAPA NUI sollen 1877 noch hundertelf
auf ihrer Insel gezählt worden sein.

• • •

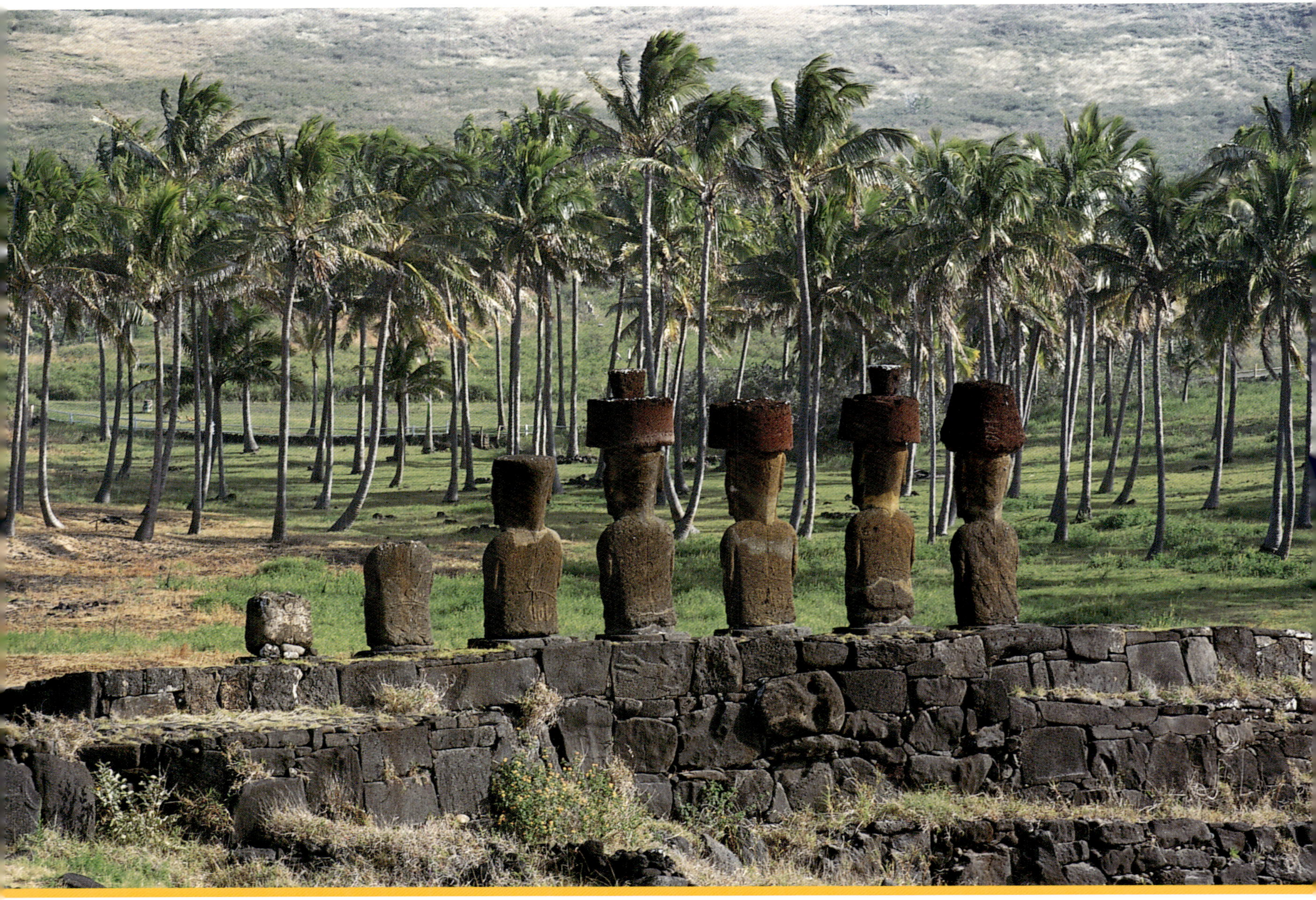

• • •

Der chilenische Korvettenkapitän Policarpo Toro landete 1888 in der Bucht von
ANAKENA. Er hatte seine Regierung überzeugt, RAPA NUI sei nützlich für Chile.
So kam er, schloss einen Souveränitätsvertrag mit den unwissenden Menschen.
Seitdem "gehört" RAPA NUI zum chilenischen Staatsgebiet, doch sind
die 3700 Pazifikkilometer bis zum heutigen Tag Ausdruck
der geistigen, ethischen sowie spirituellen Entfernung geblieben.

Forscher, Archäologen und Abenteurer, die die alten Spuren nachzeichnen möchten,
gelangen auch heute noch mit ihren Schiffen in die Bucht von ANAKENA.
Bekanntester unter ihnen ist wohl Thor Heyerdahl, der 1955 seine einjährigen
Untersuchungsarbeiten in der Sandbucht begann.

1960 wurden Kokospalmen aus Tahiti hinter dem Sandgürtel gepflanzt.
Heute ist ANAKENA Badeplatz für Inselbewohner gleichermassen wie für
die Besucher aus aller Welt, die in nur einigen Stunden per Flugzeug
auf den "grossen weiten Flecken" einfliegen.

• • •

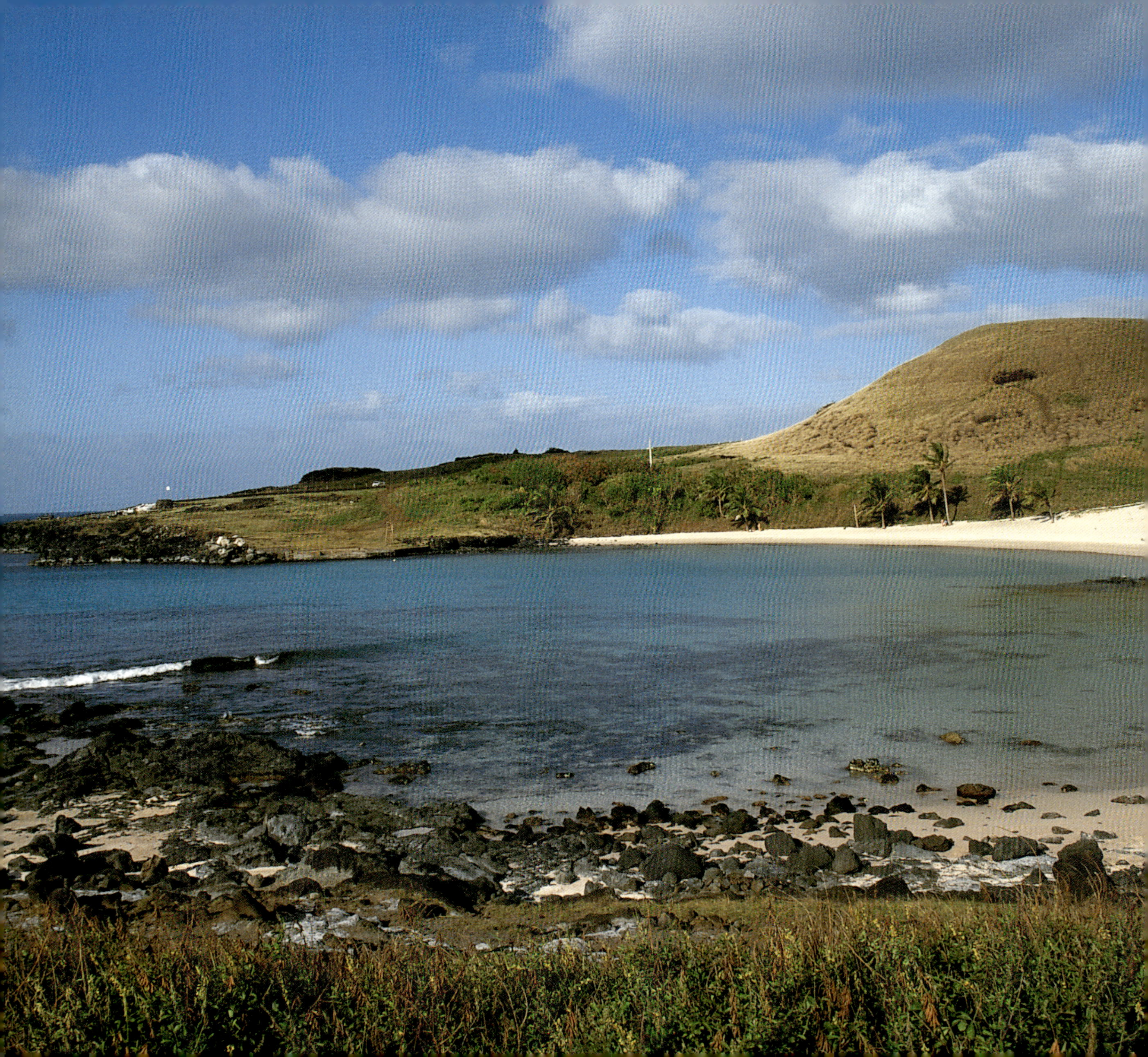

· · ·

Ich sitze im abendwarmen Sand,
fühle die feine Körnung meine Haut streicheln.
Flüsternd erzählt dieser Ort von all den
Ankömmlingen und Geschehnissen –
begleitet von sanfter Wassermusik
dieser geschützten Bucht, der
natürlichen Pforte RAPA NUIS.
Der Blick hebt und weitet sich in
der unendlichen Ausdehnung
kristallinblauen Pazifiks,
beflügelt die Gedanken und zaubert
den Hauch eines weissen Segels
an den Horizont – weit entfernt
im Lande der Phantasien.

Blick vom RANO KAU

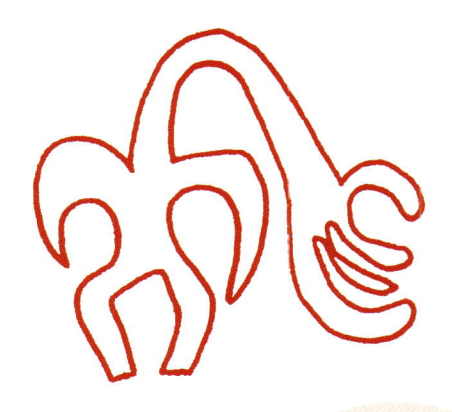

Im Erleben der Einsamkeit liegt das Erlebnis der Zugehörigkeit.

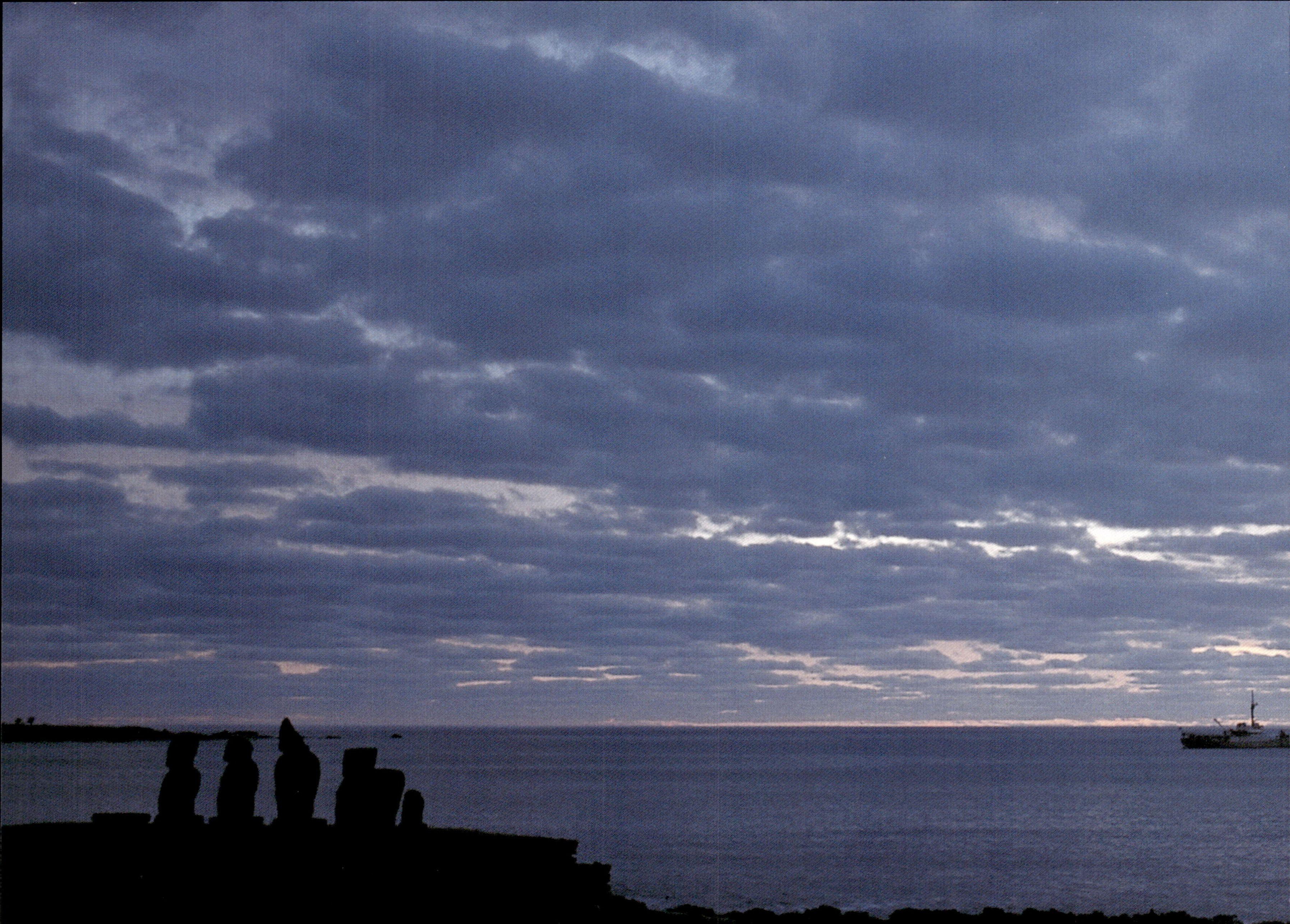

Ständig ziehen Wolkengebilde über das Land im Meer.
Es erhellt sich der Himmel, und das Licht zaubert
pastellfarbene Gemälde ans Firmament.
Doch auch immer wieder bauen sich gewaltige Fronten auf,
verhüllen die Gipfel der Vulkane mit Nebel und schütten
ihre schwere Fracht auf Menschen, Häuser, Wiesen
und - MOAIS.

AHU TAHAI

• • •

**Wind und Wasser nagen an den Figuren und mit
jedem neuen Angriff der Naturgewalten
verlieren ihre Züge an Klarheit.**

**Und dennoch strahlen sie nach wie vor
Standhaftigkeit, Demut und Wissen aus.
Sie schenken Vertrauen, spiegeln
mir etwas von Unvergänglichkeit und
hinterlassen ein ehrfürchtiges Gefühl.**

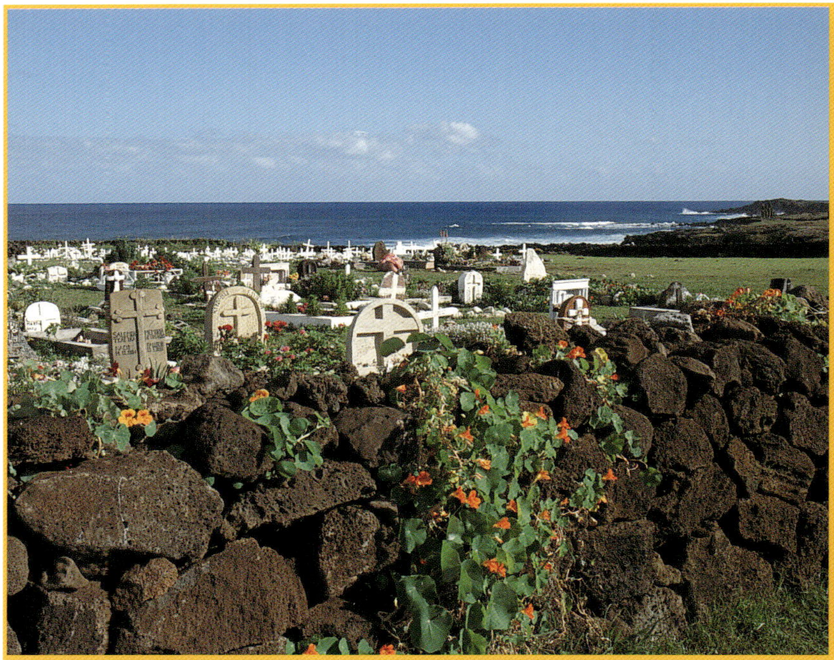

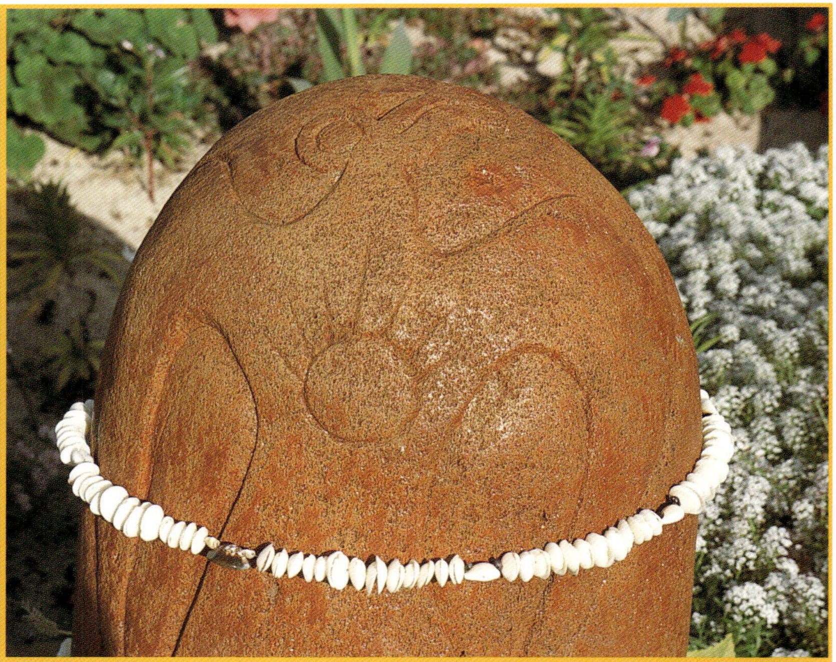

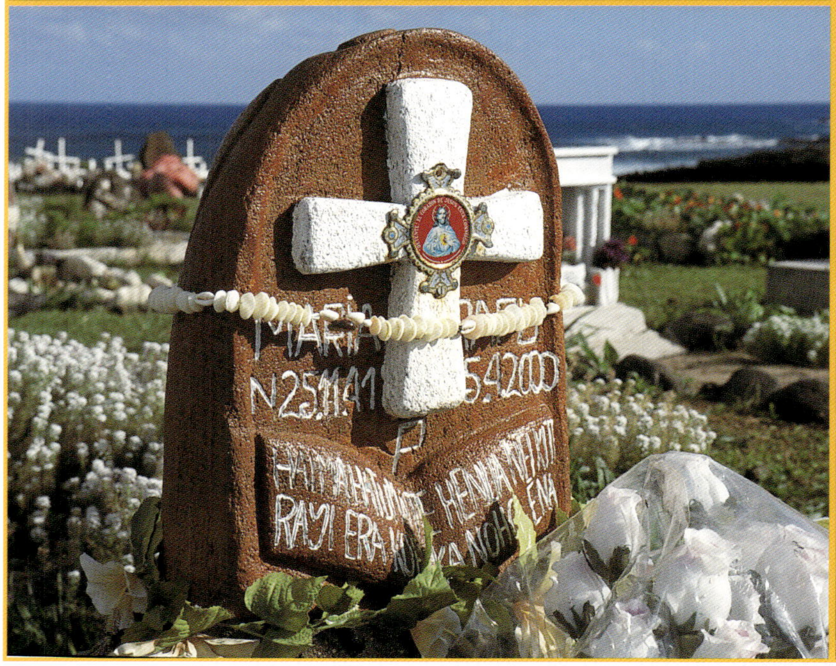

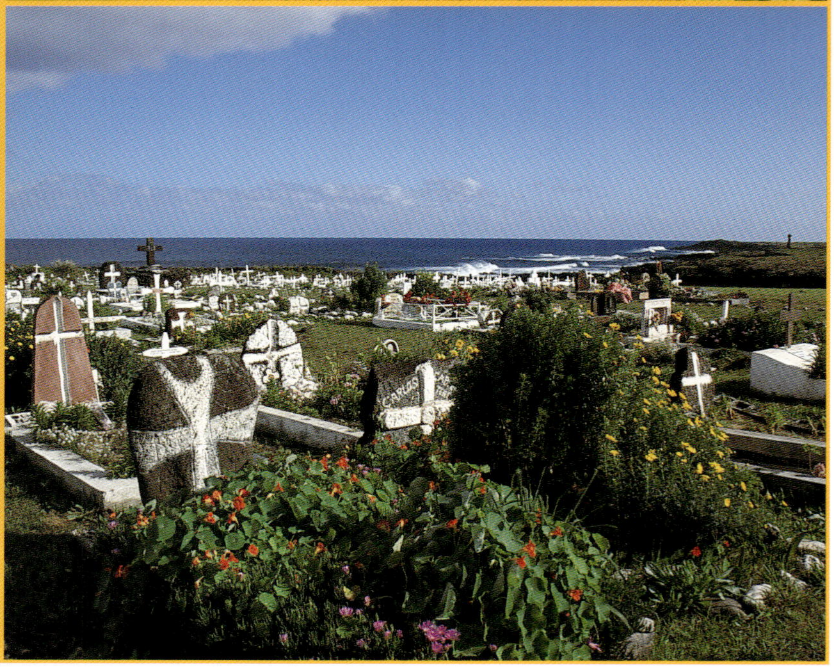

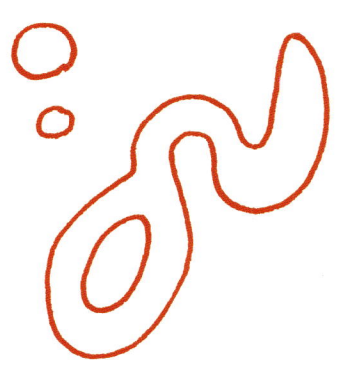

Friedhof von HANGA ROA –

ein wahrlich den Toten geweihter Platz
voller Lieblichkeit, Farbe, Hochachtung und
Wertschätzung.
Im Angesicht des Meeres unter dem zarten
Wolkenspiel des Himmels ein Blütenmeer und
ein Garten weisser Kreuze.
Morgensonne zaubert leise Melancholie
und tiefe Todesliebe über diesen
wunderbaren Platz des Sterbens.
Schmerz des Verlustes und
Freude der Vervollkommnung
reichen sich hier die Hände.

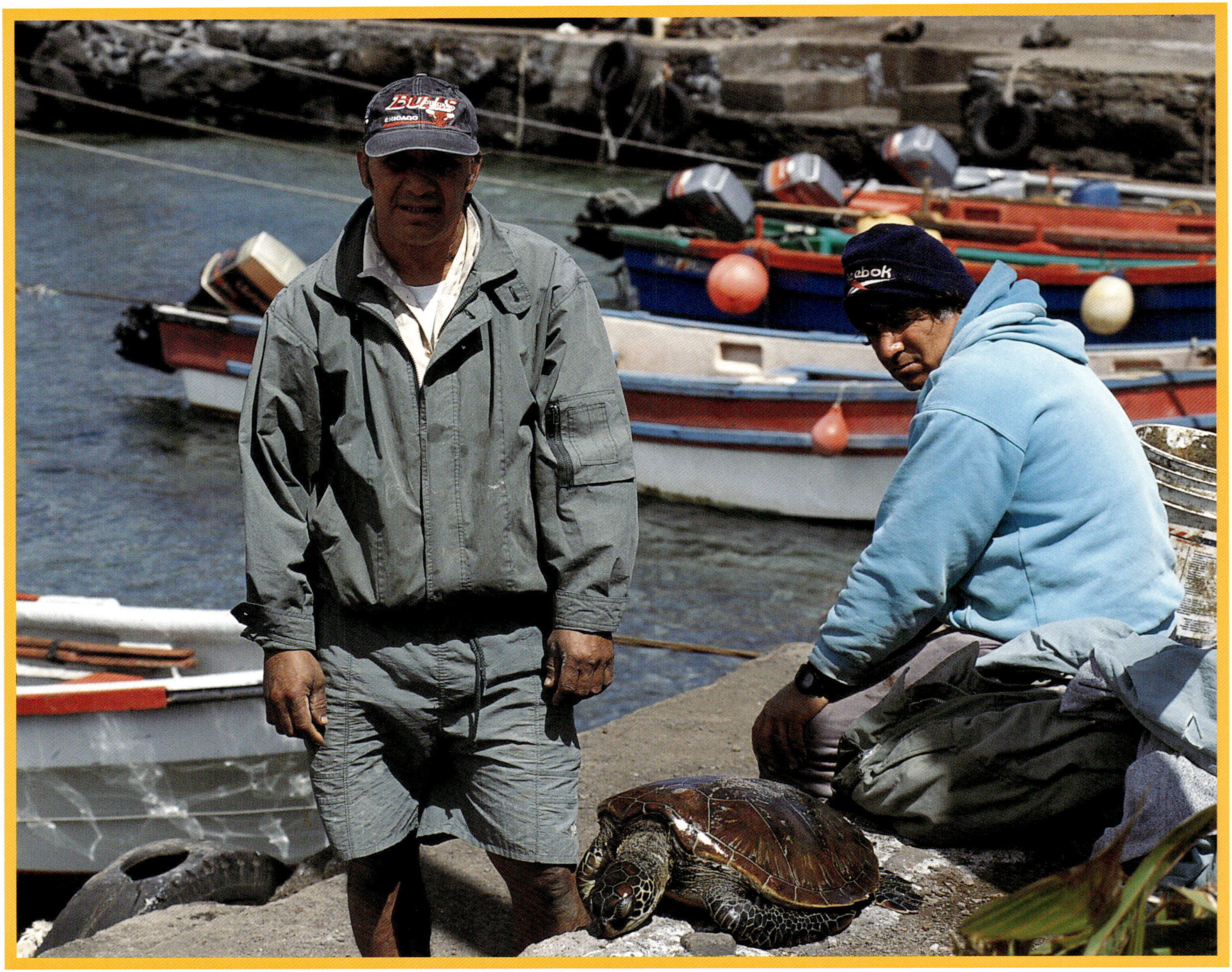
BULLS
CHICAGO
ebok

Markt in HANGA ROA

Frühmorgens kehren die Fischer heim,
ihre Netze gefüllt mit den Geschenken des Meeres.
Fische aller Art dienen den RAPA NUI als Nahrung.
Die Wasserschildkröte jedoch ist heilig und nicht
dem Verzehr zugedacht.
Sie gilt als Symbol der Ahnen – war bedeutende
Navigationshilfe der MAORIS –
der polynesischen Seefahrer.

• • •

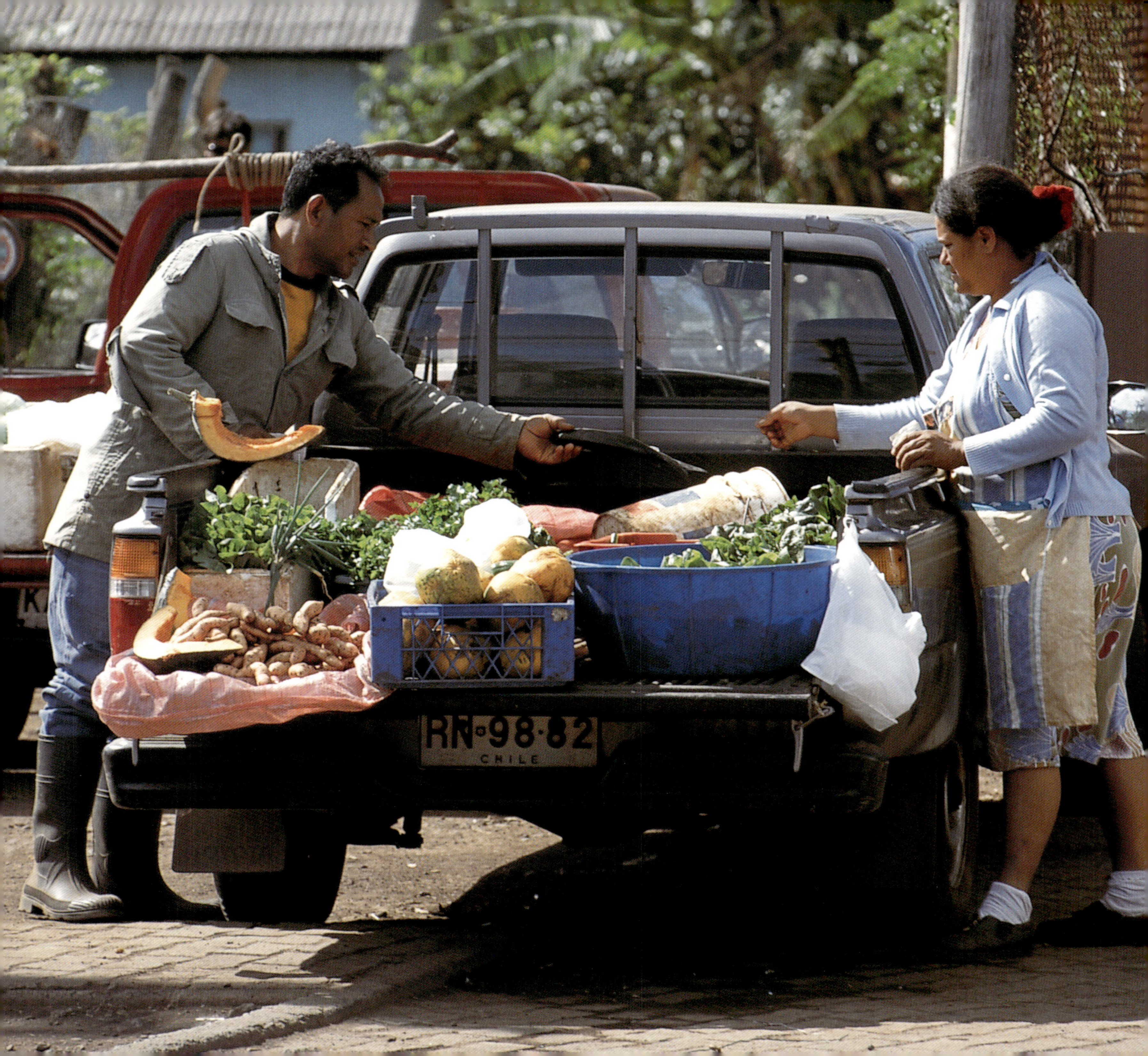
RN·98·82
CHILE

• • •

Im Ort wird jeden Vormittag feilgeboten, was das subtropische Vulkaneiland an Feldfrüchten gedeihen lässt.

• • •

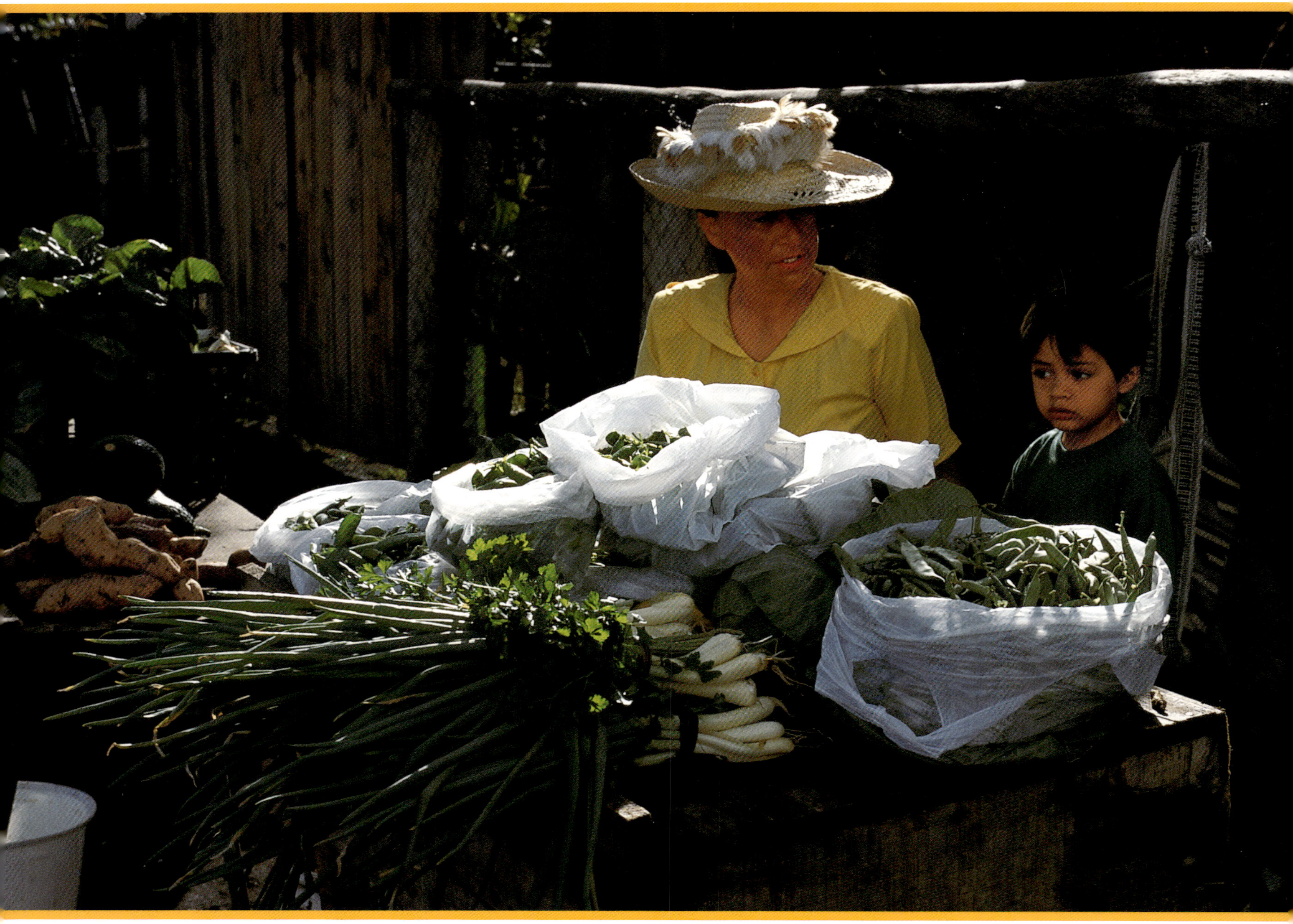

...

Einladend die Aufgeschlossenheit der Menschen.

**- Es liegt an mir dieser Einladung zu folgen,
mein Herz zu öffnen für die Musik, die Spontaneität,
die Freude am Gespräch und der Suche nach Neuem.
Mein Lächeln, mein Blick, meine Worte sind
Maßstab für den Wert des Augenblicks.**

MOAI vom AHU TONGARIKI

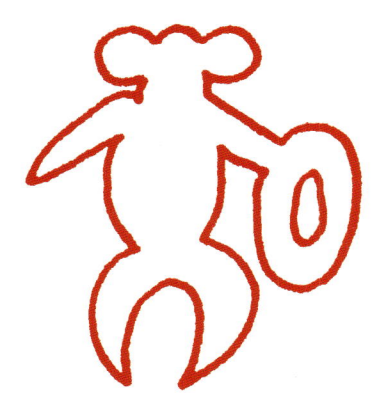

AHU TONGARIKI

15 seid ihr, 15 erstarrte Götter aus Stein.
Wer sagt, er sei eures Anblickes müde, sieht euch nicht;
sieht nicht euer wahres Gesicht.

Langohren nennt man euch, und stolz schmücken
einen Jeglichen ein Paar hängende wunderbare
Sinne des Hörens.
Auch euer Geruchssinn scheint ausgeprägt, denn eure
Nasen sind mächtig, erinnern an
Nüstern von Tieren.
. . .

6

• • •

Und die Hände?
Eure Hände sind wichtig, denn sie zieren euren
kräftigen Leib wie feingliedrige Fächer.
Zum Arbeiten nicht geschaffen,
höherem Tun bestimmt,
sensible tastende Sinne.

• • •

AHU TONGARIKI

...

Eurer Augen wurdet ihr beraubt. Warum nur?
- Es scheint, als wussten eure Feinde, dass ihr
damit euren stärksten Ausdruck verliert.
Ich stelle mir vor, diese 15 MOAIS in so verschiedener
Körperstruktur, ein jeder mit ganz eigener Persönlichkeit –
und ein jeder mit seinen weiss-schwarzen Korallen-Obsidian-Augen.
Welcher Anblick!
Welche Verehrung muss euch einst entgegengebracht worden sein!

Wie viele Energien haben die RAPA NUI
in euch gelegt? Und warum? –
Götter aus Stein, woher kommt ihr?
Wer seid ihr?
Was ist euer Geheimnis?

...

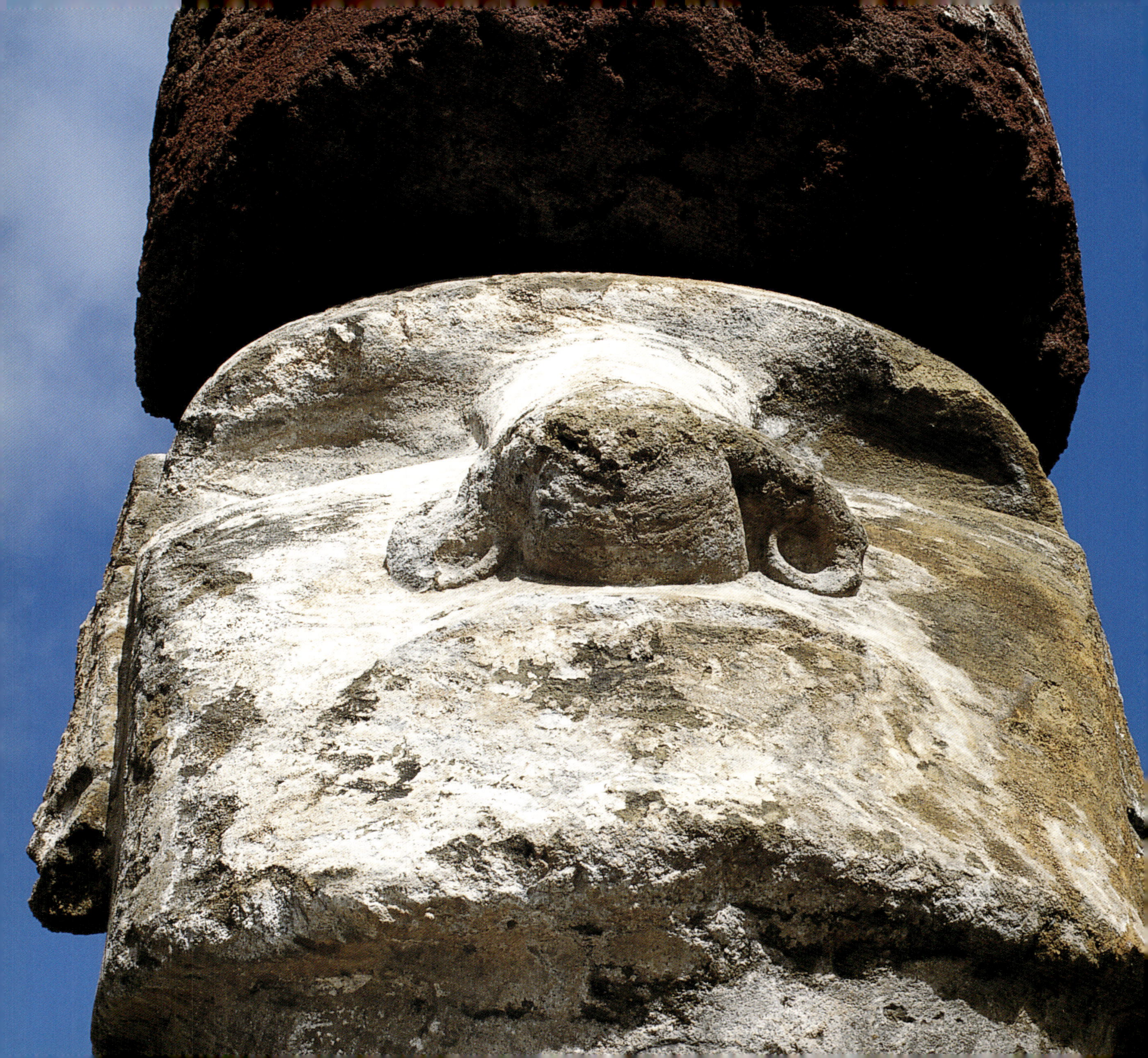

• • •

Ihr seid stumm.
Eure Lippen formen den trotzigen
sprachlosen Mund.
Keiner von euch gibt das Mysterium preis,
das bis heute um euch kreist.
Die Zeit bringt Wind und Wasser,
nagt an eurer Vergänglichkeit.
Ihr werdet einst zurückkehren zu ihr, deren
Herz ihr tragt.
Nur eure Mutter, die Erde weiss,
was von Bedeutung ist.

Wandern am RANO KAU

Wandern auf der Insel –

der Wind hüllt dich ein und macht dich Schweigen.
Dein Auge weidet im Sanften und öffnet dich.
Gedanken kommen und gehen wieder;
du verlierst dich im Rhythmus deiner Schritte
und im Wunder deines Atems.
Der Pfad führt in dein Herz.

Fischerboote

***D**ie Kunst des Reisens liegt darin den eigenen Spuren zu folgen,*
die Kunst des Schreibens den eigenen Worten zu lauschen,
die Kunst der Fotografie dem eigenen Blick zu danken.

MOTUS NUI, ITI & KAO KAO

. . .

Der Kult um den Vogelmann hat hier seine Heimat.
Diese Insel – abgeschnitten vom Leben jenseits –
brauchte und braucht ihre Götter, Sagen und Mythen.
Und sie braucht ihre Helden.
Jedes Jahr musste ein neuer Anführer geweiht werden,
und jedes Jahr wurde dazu der Held des Vogelmann-Kultes erprobt.
Steil und tief mussten sie sich die Klippen hinabstürzen,
die mutigen jungen Männer der Insel.
Stark und gewandt wie Fische stoben sie durchs Wasser
nach MOTU NUI um das Ei einer Rauchseeschwalbe
zu erhaschen und so schnell wie möglich zurückzukehren.
Held wurde der erste und schnellste von allen,
er war der diesjährige Vogelmann.
Neuer Anführer wurde sein Meister und Sender –
Häuptling von RAPA NUI.

Die Werkstatt der MOAIS am RANO RARAKU

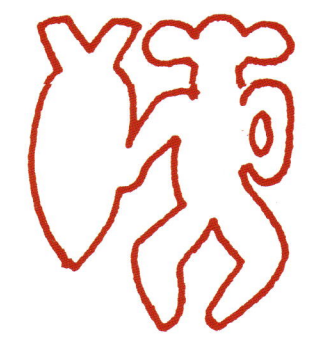

Die MOAIS am RANO RARAKU

Viele stehen von ihnen am Berg –
sind fertig gemeiselt, schön geformt
und ausdrucksstark gestaltet.
Viele wurden auch gerade angefangen,
kleben noch im rohen Stein, sind
gefangen in uraltem Fels. **. . .**

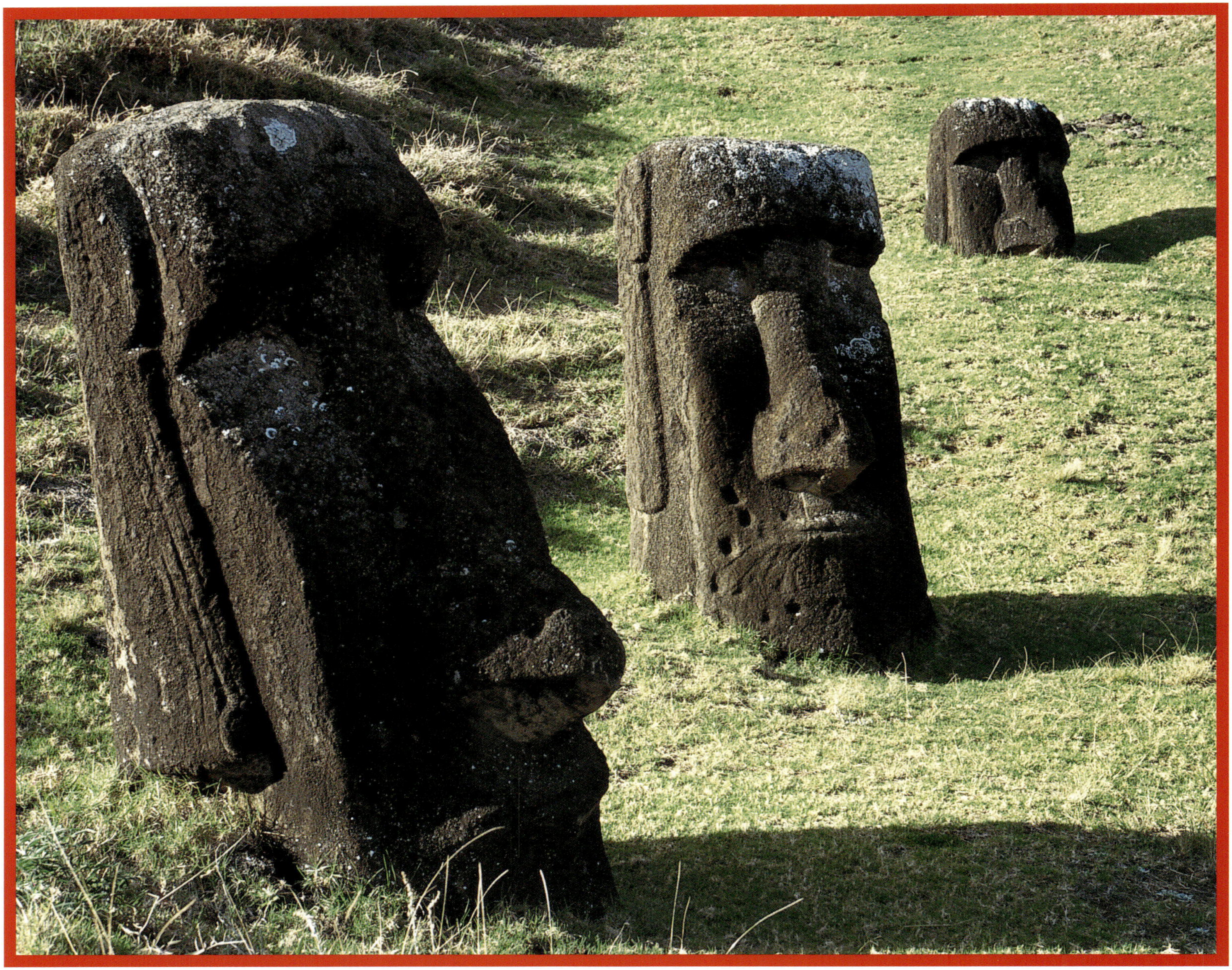

...

Sie stehen in Gruppen beieinander,
blicken einzeln stehend ins Land hinaus
oder haben gerade einmal ihren Kopf
aus dem Boden geschält.

...

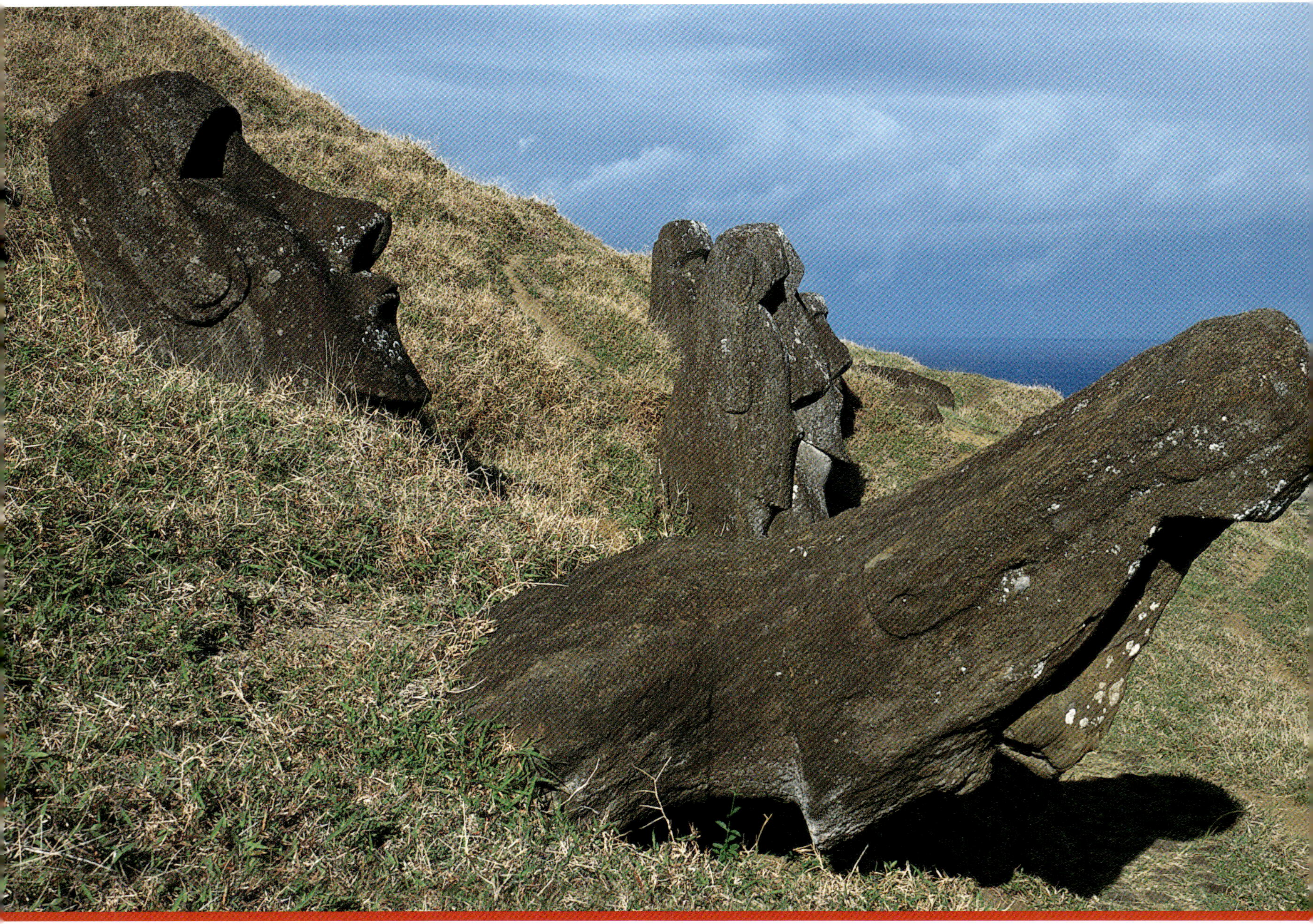

• • •
Manche von ihnen sind Riesen,
andere stehen gedrungen,
wenige scheint das Erdreich geradezu
ausgespuckt zu haben
und wieder andere haben ihr Haupt wie
eine Grabplatte aufs sanfte Gras gelegt.
• • •

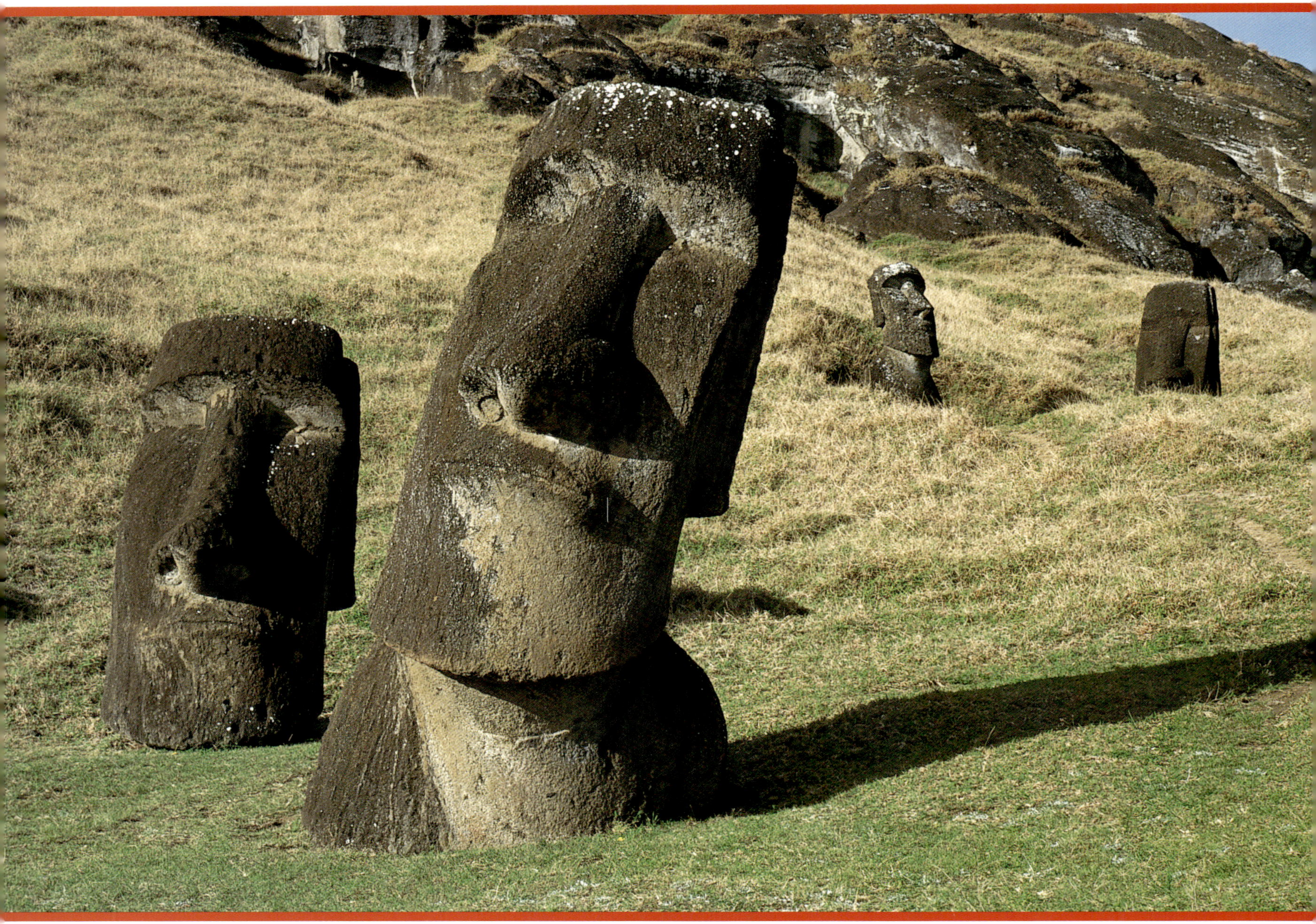

• • •

Eines jedoch ist ihnen gemeinsam –
ihre magische Ausstrahlung.

Ehrfürchtig legt man seine Hand auf
ihren alten Körper und wartet,
ob sich etwas regt.
Vorsichtig bringt man sein Ohr an
ihren immer geschlossenen Mund
um vielleicht doch das eine oder andere
Geheimnis zugeflüstert zu bekommen.
Lange bohrt sich der Blick in ihre
tief liegenden Augenhöhlen um ein
verstecktes Blinzeln zu erhaschen.

Und obwohl sie nie das geringste Zeichen
von sich geben, werde ich das Gefühl nicht los,
dass sich Leben hinter ihrer steinernen
Fassade verbirgt.

• • •

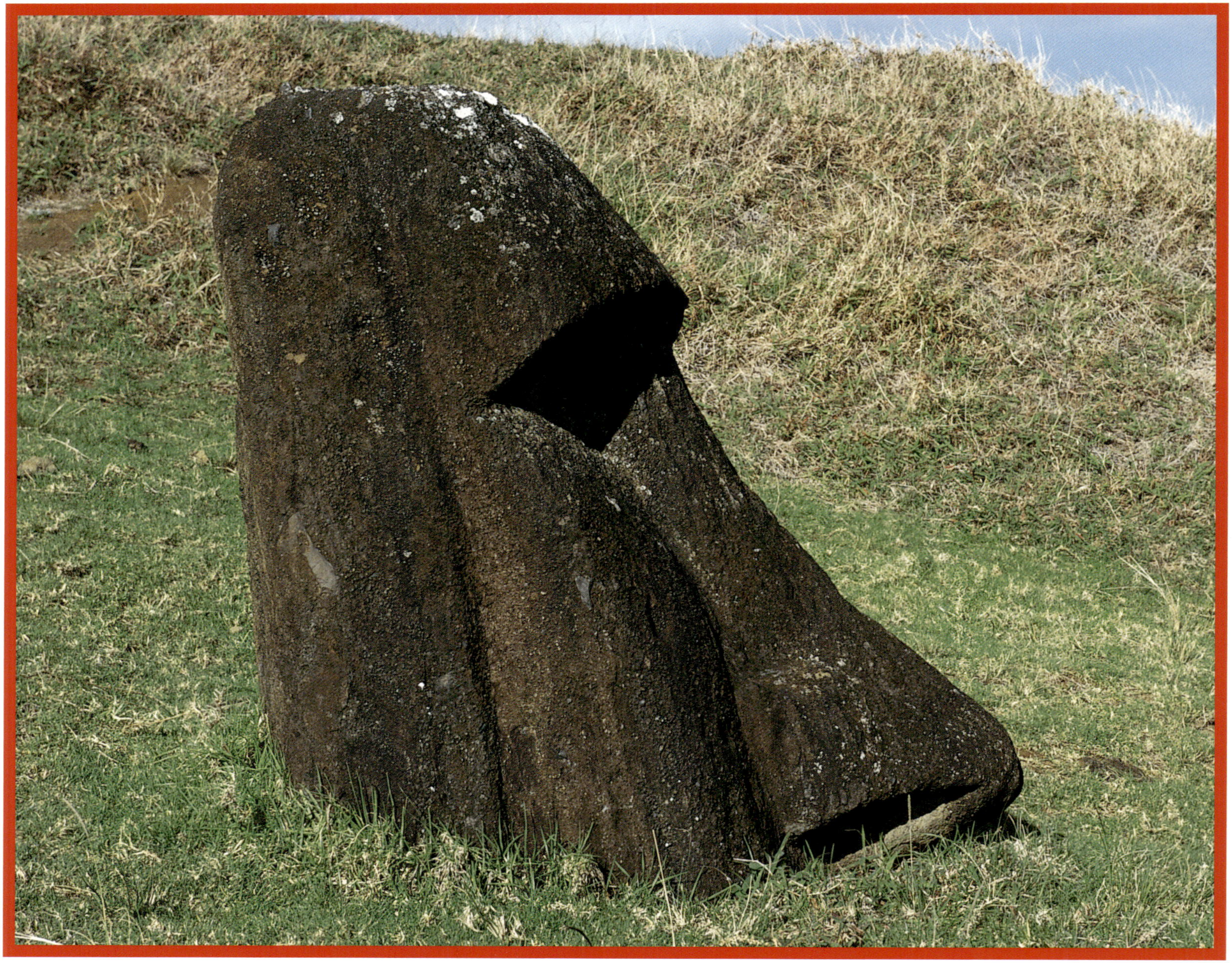

• • •

Die MOAIS am RANO RARAKU umgibt ein
Hauch des Allumfassenden –
sowohl grenzenlose, uralte Weisheit als auch
unbeschreiblicher, gähnender Abgrund.

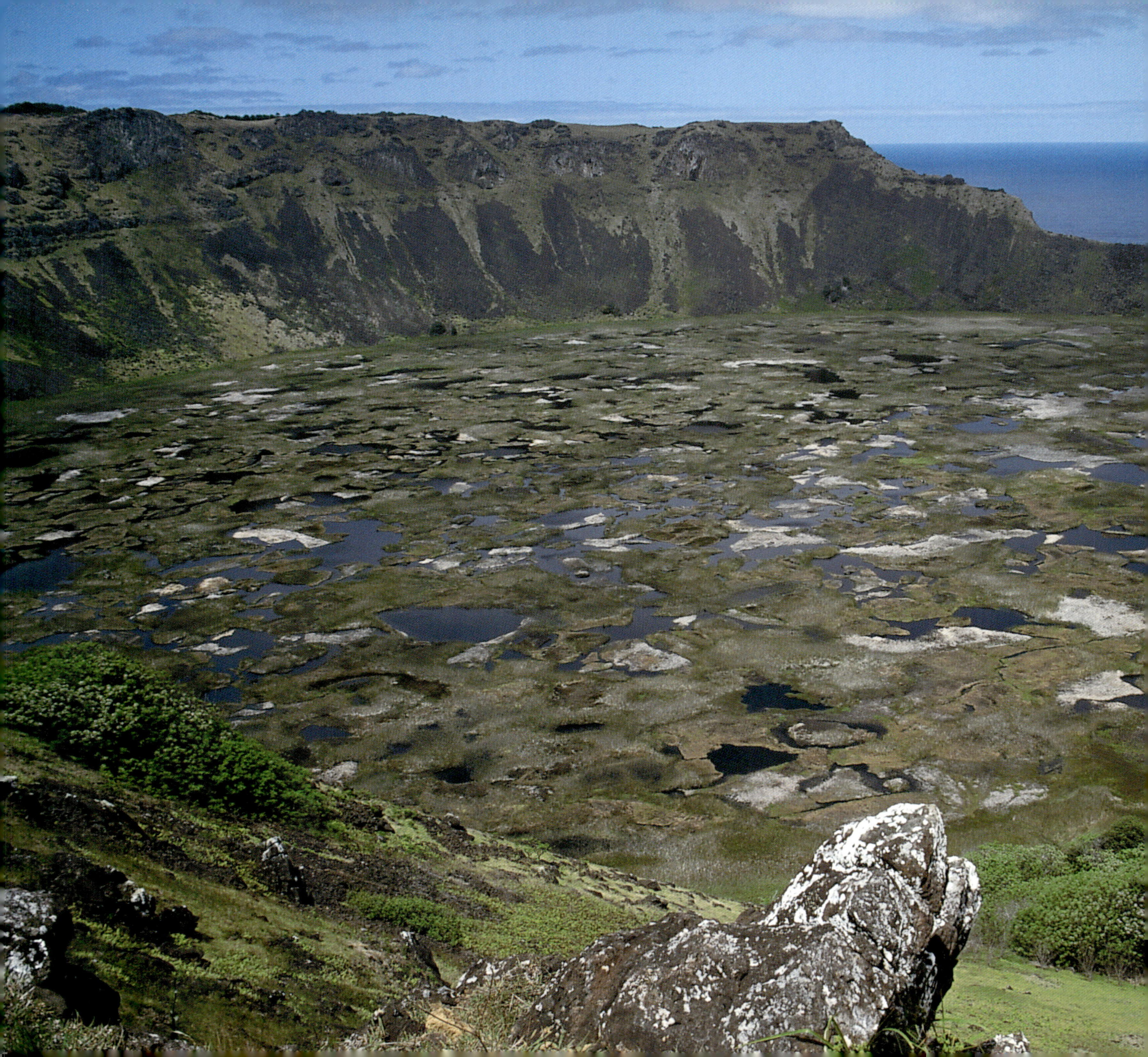

Die Vulkanlagune des RANO KAU

"Grosser weiter Flecken"

Geboren aus der Urmutter,
den tiefen inneren Magmaströmen unseres Planeten,
dem Schoss allen Lebens auf der Erde.
Geboren auch aus den Weiten des Ozeans,
aus dem ewig sich wogenden Teppich aus Wasser.
Wie aus dem Nichts ragen die Vulkanfelsen
schroff und anmutig gen Himmel,
trotzen aller Vernunft der Gedanken
warum Schöpferkraft genau diesen Breiten- und Längengraden
ein solch eigenwilliges Denkmal setzt.
Verloren in der scheinbaren Unendlichkeit des Meeres –
so wirkst du auf die einen,
auserwählt göttlich in deiner erhabenen Isoliertheit –
so wirkst du auf die anderen.

RAPA NUI – "grosser weiter Flecken".

Beim AHU TONGARIKI

Abgeschiedenheit macht einsam -
aber auch sensibel, einfühlsam und gläubig.
Genau diese Erkenntnis verstärken die Figuren.

PUNA PAU

*Umgestürzter
MOAI von AKAHANGA*

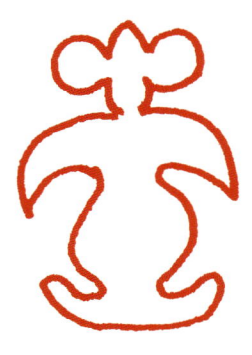

Jedes Aufsetzen deines Fusses erzählt dir von deiner
Verbundenheit mit der Erde und von der besonderen
Weihe dieses deines Pfades auf der Insel.

Deine Ohren füllen sich mit der Musik des Windes im Gras
und dem Rhythmus des sich aufbäumenden und entspannenden
Meeres.

Deine Augen finden Wundervolles, Anziehendes –
tauchen tief ein in die Weite
oder verweilen an den Geistern aus Stein.
Schroff die Küstenlinie, lieblich das Hügelland;
mystisch was dein Auge sonst noch gewahr wird.

Ein Dank an die Sinne und das Gefühl von Zugehörigkeit
zu diesen Menschen, die dich einladen mit ihrem Lächeln.

Blick auf HANGA ROA

***W**enn du dich mit der Vergangenheit
dieser Insel beschäftigst
und sie zu lieben beginnst,
veränderst du deine Zukunft.*

KO TE RIKU - der Sehende

Der Sehende –

Du bist der Erhabenste aller Erhabenen.
Stolz – in deiner anmutigen Schlichtheit der
steinernen Form wie all deine Brüder.
Doch deine Brüder sind ihrer Augen beraubt,
blind blicken sie ins Nichts der Ewigkeit. **. . .**

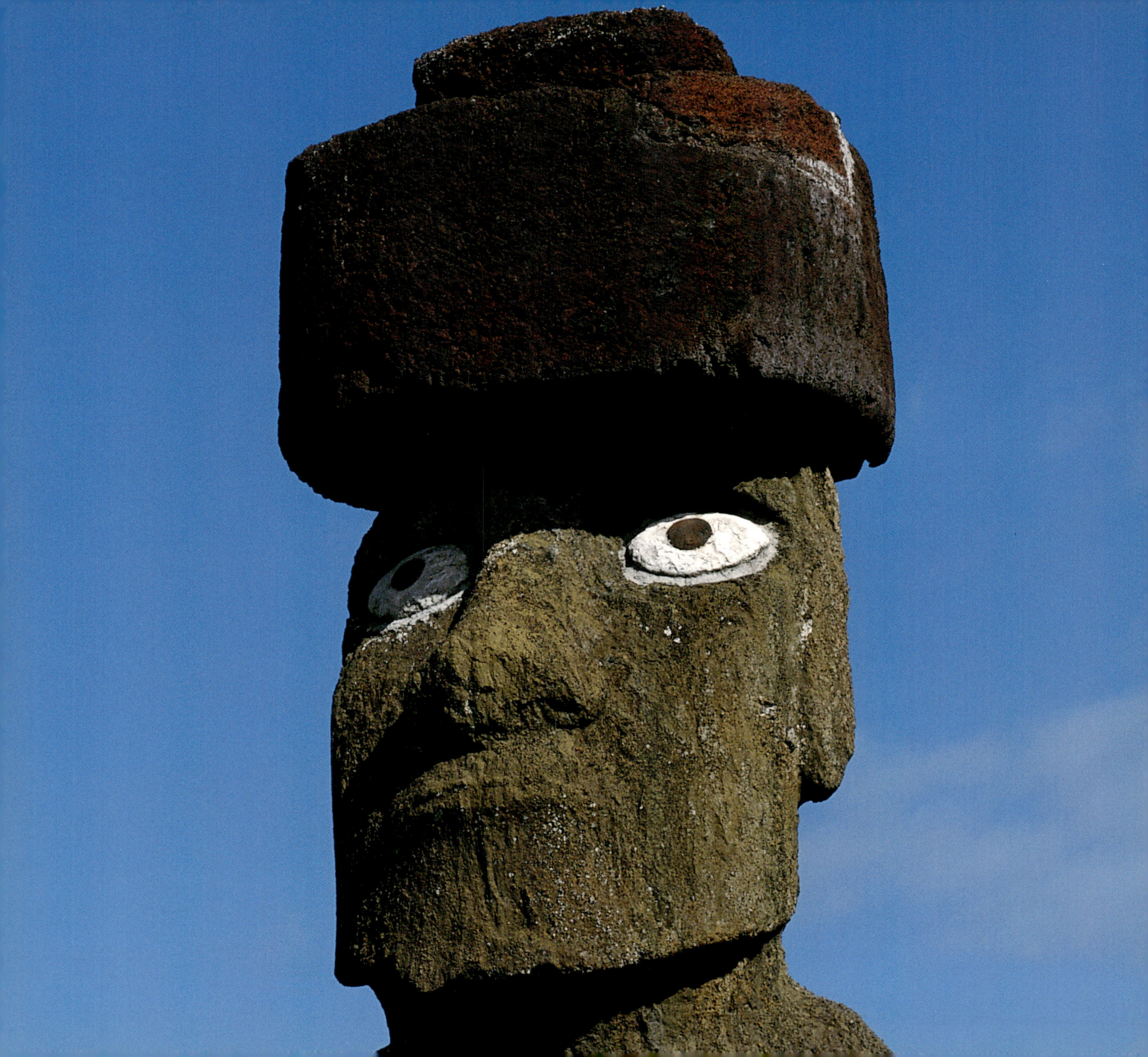

. . .

Dir wurde dein Sehen wieder geschenkt.
Du bist der Einzige, der eure
wahre Erhabenheit ahnen lässt.
Dieser Blick aus Stein,
ein Blick der Beständigkeit,
des Augenblicks und
des Paradieses zugleich.

Du bist der Sehende.

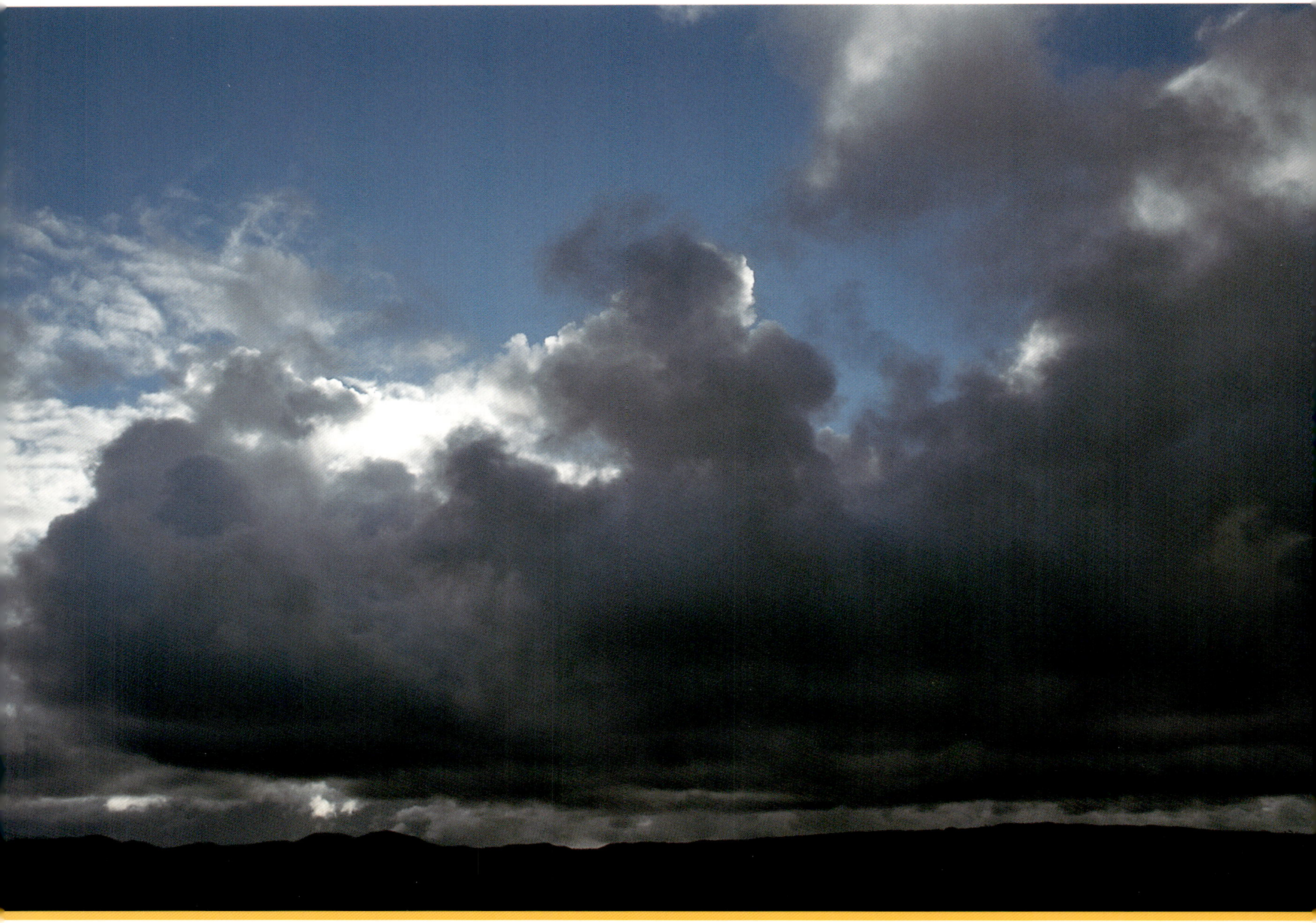

Meeresbrausen –
Himmelsdröhnen –
Wolkentürme vereinen sich zum
grossen Tanz des **H**immels,
verschliessen der **S**onne die Tür.
. . .

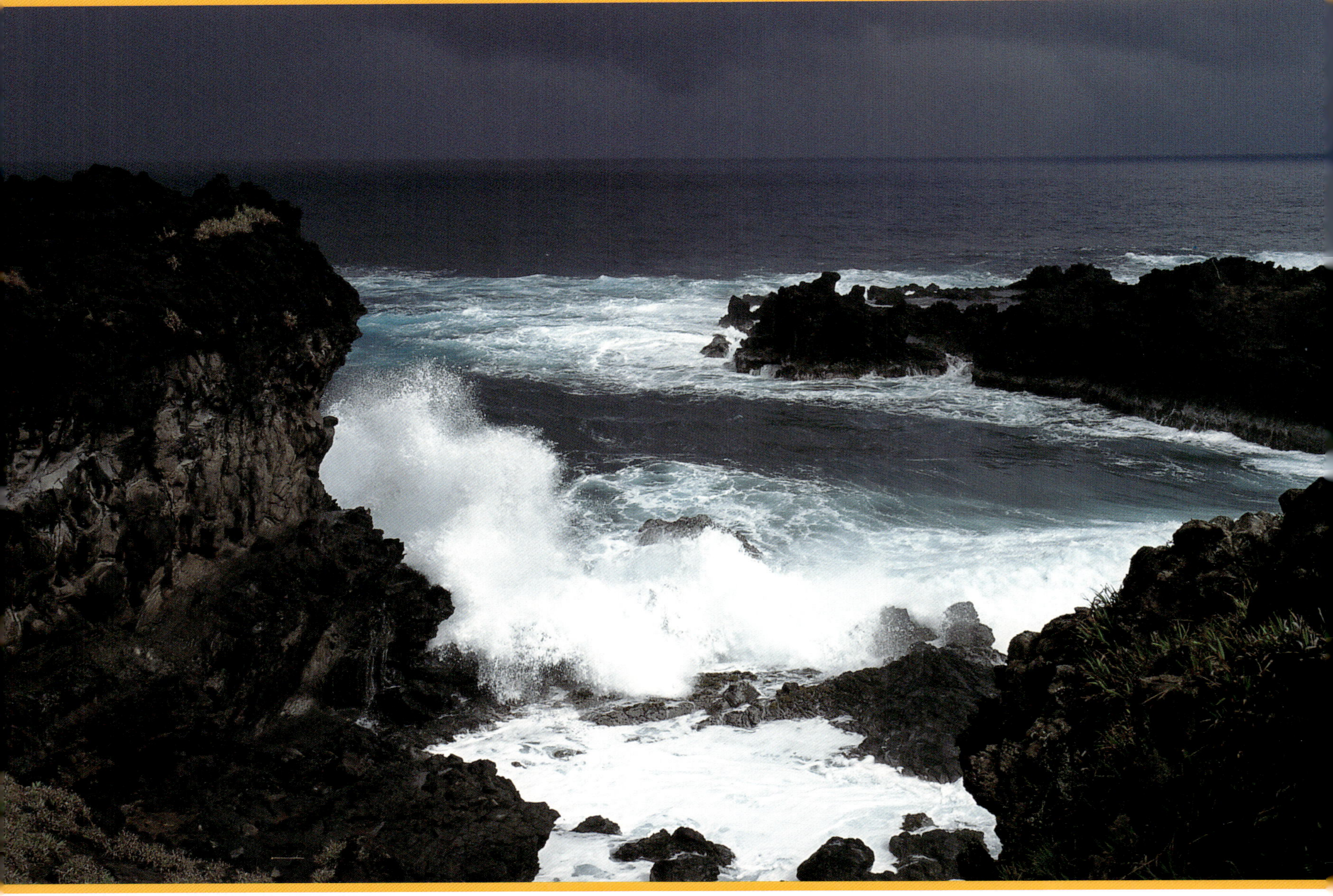

• • •

**Wassermassen –
Wassermassen in ganzen Garben vom Himmel
scheinen zu applaudieren dem Konzert
ihrer Schwester, die donnernd an
die schwarzen Vulkanfelsen knallt.**

• • •

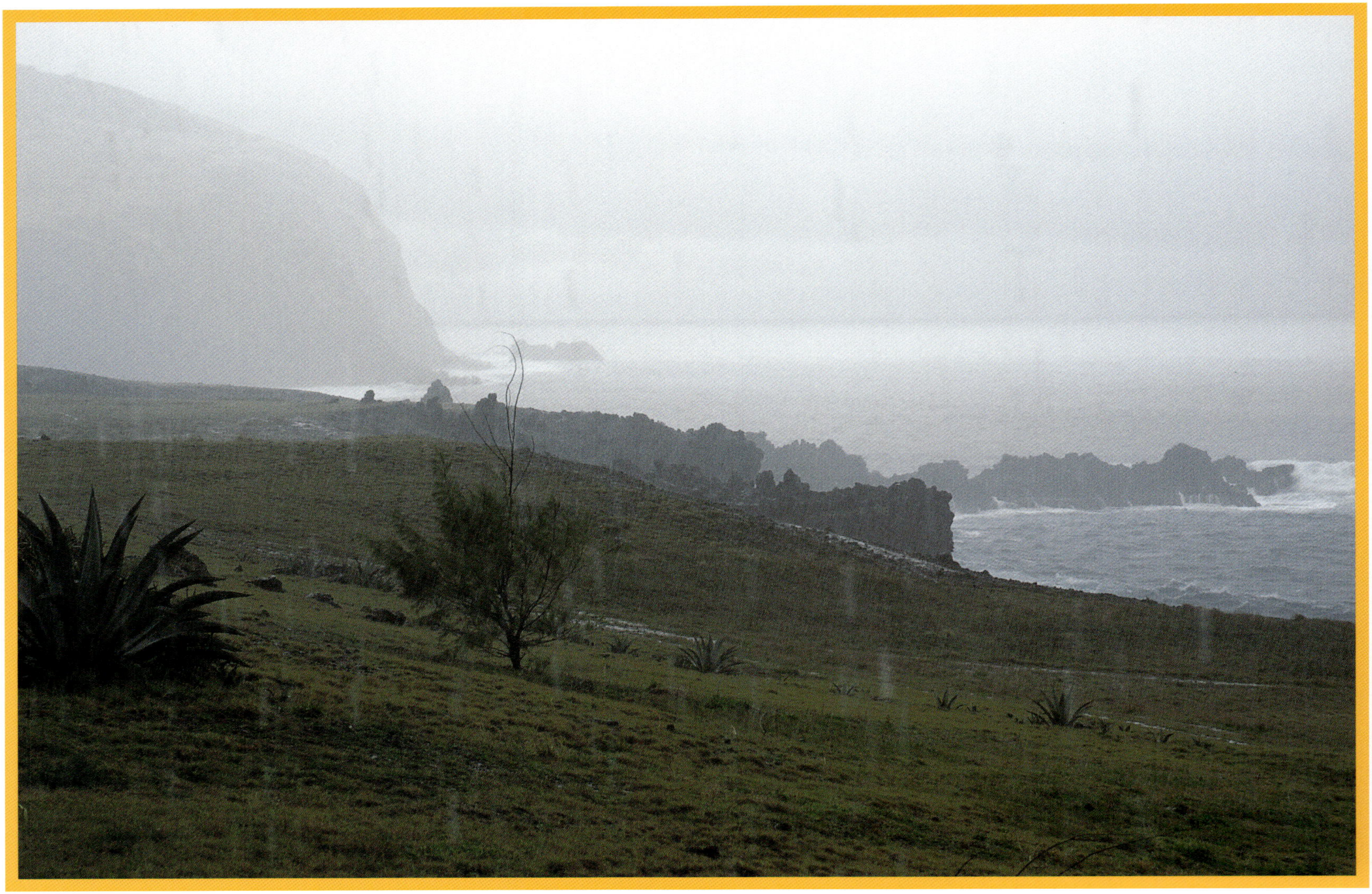

...
**Alles Wasser der Welt will sich
vereinen um dies einsame Stück Land
zu ehren und gleichzeitig zu verschlingen
von oben und von allen Seiten.**

...

Rauchseeschwalben an der Höhlenwand von ANA KAI TANGATA

...
Der wandernde Mensch sucht Schutz
in der Höhle, deren an die Wände
gezeichnete Vögel Freunde werden.
Die Vergangenheit ist nah in diesem Augenblick,
verschmilzt mit dem Bewusstsein des
Heute und Jetzt wie diese tobenden Wasser
des Himmels und des Meeres eins werden
in ihrem durch nichts aufzuhaltenden
ekstatischen Rhythmus.

AHU TAHAI vor HANGA ROA

Abschied –

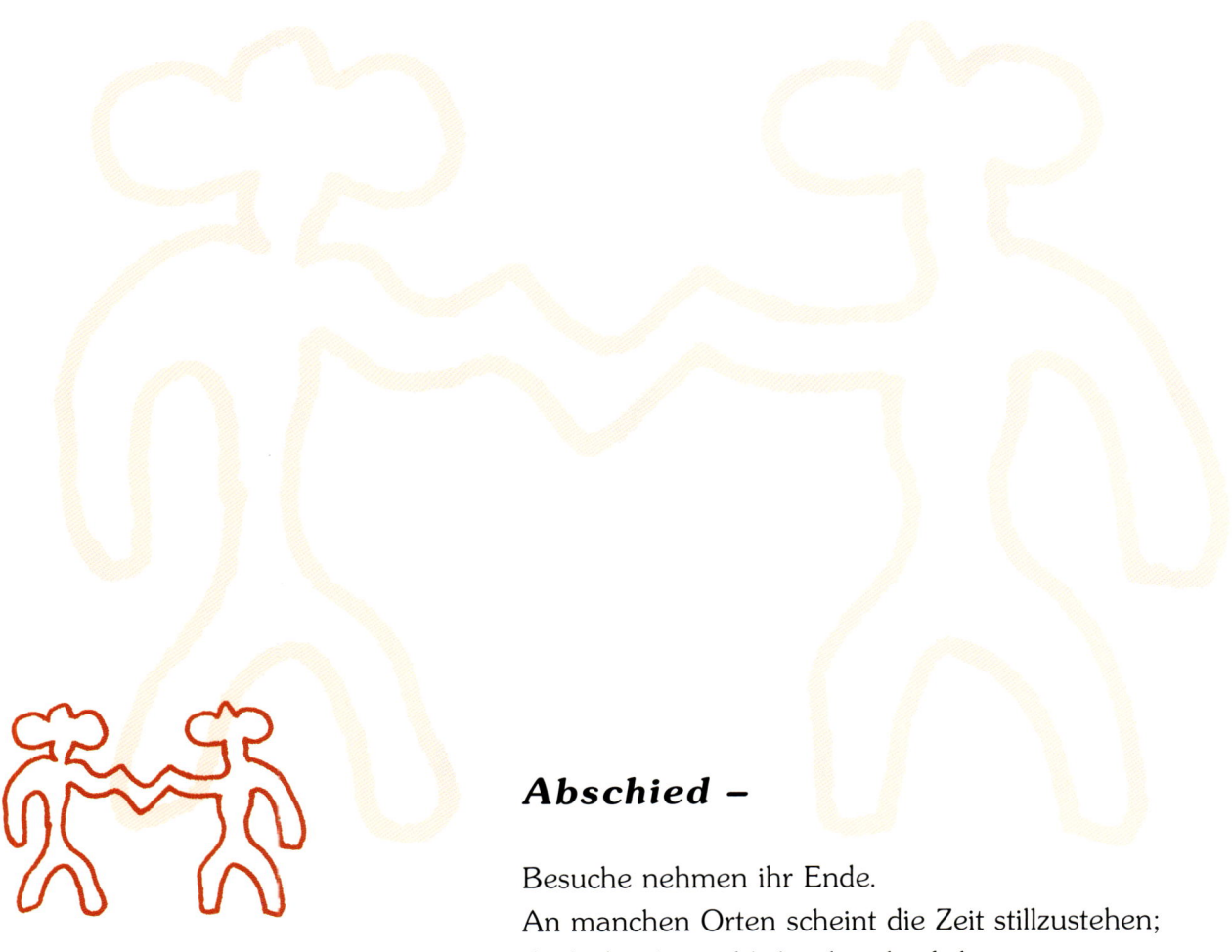

Besuche nehmen ihr Ende.
An manchen Orten scheint die Zeit stillzustehen;
doch der Augenblick erhascht dich,
der dir erzählt, dass das Rad nie
aufhört sich zu drehen.

Steinritzung am Boden

• • •

RAPA NUI hat eine Seele, die dich berührt,
die du im Herzen tragen wirst und
die dich rufen wird bis du wieder
zurückkehrst zu einem neuen Besuch.

Oder du findest diese Seele wieder
an anderen Plätzen dieser Welt;
im Herzen von Menschen, die aus
denselben Wurzeln erwachsen sind.
Tief werden dich solche Momente
der Erkenntnis erregen.

• • •

••• Abschied von Inselbewohnern, die dir von dem
Wenigen, das sie haben etwas schenken möchten.
Du trägst diese Muschelkette, die dir flüstert
davon, wovon die RAPA NUI unendlich viel besitzen – ihre ehrliche Herzenswärme.

Die Motoren laufen, die Maschine rollt, hebt ab –zurück bleibt unter dir ein "grosser weiter Flecken".

MOAI KO TE RIKU

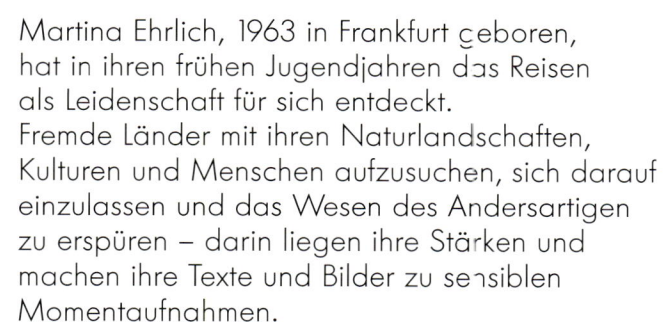

Martina Ehrlich, 1963 in Frankfurt geboren, hat in ihren frühen Jugendjahren das Reisen als Leidenschaft für sich entdeckt.
Fremde Länder mit ihren Naturlandschaften, Kulturen und Menschen aufzusuchen, sich darauf einzulassen und das Wesen des Andersartigen zu erspüren – darin liegen ihre Stärken und machen ihre Texte und Bilder zu sensiblen Momentaufnahmen.

Jürgen Straub, 1962 in Wiesensteig geboren, ist passionierter Reisender.
Stetig strebt er in die Ferne und vorwärts zu neuen Horizonten. Dabei durchbricht er die Grenzen des Alltäglichen, geht auf Spurensuche nach dem Aussergewöhnlichen und versteht Bewegung als Ausdruck von Lebensenergie.
Die Fotografie sowie das Schreiben sind Teil seiner Persönlichkeit.

Seit 1984 sind Martina Ehrlich und Jürgen Straub ein Paar, dessen Beziehung ohne das Reisen undenkbar wäre. Durch die positive Ergänzung ihrer unterschiedlichen Wesenszüge bei gemeinsamer Zielrichtung konnte das Paar seiner „Leidenschaft des Unterwegsseins" in vielfältiger Weise Ausdruck verleihen. Von 1988 bis 1991 sind sie über drei Jahre lang im VW-Bus von Alaska nach Feuerland und Amazonien gereist. 1992 gründeten sie ihr Reiseunternehmen KONDOR Tours GmbH und führen seitdem erfolgreich Gruppenreisen in Südamerika durch.
Die Freude an der Fotografie und am Schreiben ist dabei stetig gewachsen, Dia-Vorträge gehören seit langem zum Medium der Beiden. Das vorliegende Buch "OSTERINSEL" gehört zu einer Buchreihe ihres 2001 gegründeten KONDOR Verlags. Martina Ehrlich und Jürgen Straub möchten spezielle Themenbereiche rund um Südamerika auf einfühlsame Weise in Wort und Bild dem Leser und Betrachter näher bringen. "Unterwegssein" ist den Beiden nicht nur äusserliche Leidenschaft sondern innerste Lebensphilosophie.

LINEAS

member of oneworld

... und wie nutzen Sie Ihre Zeit im Flug?
LanChileFlugZeitGenuss.

Neue Economy Class Airbus A340 mit individuellen Videobildschirmen.
Täglich von Frankfurt über Madrid nach Santiago de Chile.

- Individuelle Bildschirme mit einer Auswahl von 8 Video und 10 Audiokanälen sowie 11 Videospielen.
- Exklusive Filmpremieren - genießen Sie die neuesten Filme noch bevor diese in die Kinos kommen! 
- Sitze mit verstellbaren Kopfstützen Satellitentelefon an jedem Sitz sowie Laptopanschluß 

LANCHILE
Die chilenische Fluglinie

Liebfrauenstr. 1-3, 60313 Frankfurt/M., Tel. 069-298 00 133, Fax 069-131 0776
lanfra@lanchile.com, www.lanchile.com

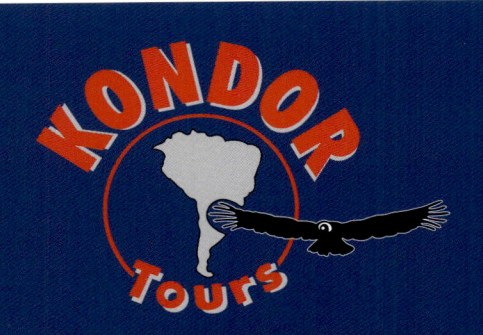

KONDOR Tours

Es gibt viele Gründe nach **SÜDAMERIKA** zu reisen –
aber es gibt noch mehr Gründe,
dies mit uns zu tun . . .

Ecuador · Argentinien · Bolivien
Chile · Brasilien · Peru

- Aussergewöhnliche Überlandrouten mit vielen Wanderungen
- Spezial-LKW's für max. 12 Teilnehmer
- Qualifizierte, deutsche Reiseleitung
- Persönliche, familiäre Kundenbetreuung
- Langjährige Erfahrung
- Ausgezeichnetes Preis-/Leistungsverhältnis

Bitte fordern Sie unsere kostenlose INFO-Mappe an!

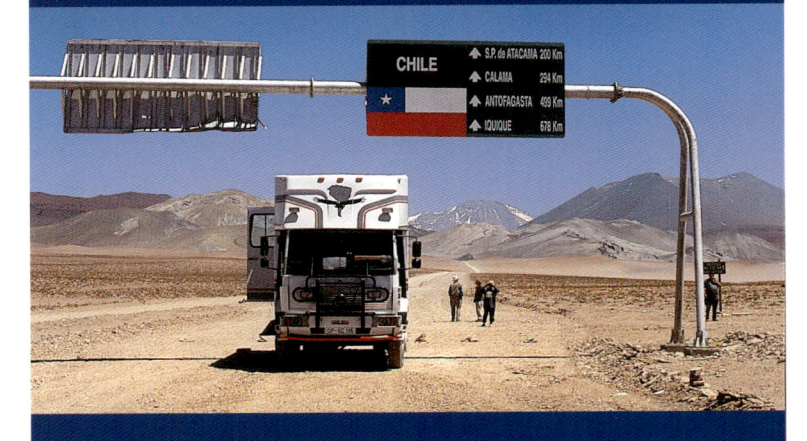

KONDOR Tours GmbH • Südamerika-Expeditionen
Schöntalweg 40 • 73349 Wiesensteig
Tel. (0 73 35) 92 20 24 • Fax (0 73 35) 92 20 25
info@kondor-tours.de • www.kondor-tours.de